总体国家安全观系列丛书

人口与国家安全
Demography and National Security

总体国家安全观研究中心
中国现代国际关系研究院　著

时事出版社
北京

编委会主任

袁　鹏

编委会成员

袁　鹏　傅梦孜　胡继平

傅小强　张　力　王鸿刚

张　健

主　编

倪建军

副主编

姚　琨

撰稿人

倪建军　姚　琨　陈　旸

唐恬波　郑　仪　张　帆

王付东　骆永昆　颜泽洋

张书剑　余文胜　邓安鹏

总体国家安全观系列丛书

《人口与国家安全》分册

总　序

总序

东风有信，花开有期。继成功推出"总体国家安全观系列丛书"第一辑之后，时隔一年，在第七个全民国家安全教育日来临之际，"总体国家安全观系列丛书"第二辑又如约与读者朋友们见面了。

2021年丛书的第一辑，聚焦《地理与国家安全》《历史与国家安全》《文化与国家安全》《生物安全与国家安全》《大国兴衰与国家安全》《百年变局与国家安全》六个主题，凭借厚重的选题、扎实的内容、鲜活的文风、独特的装帧，一经面世，好评不断。这既在预料之中，毕竟这套书是用了心思、花了心血的，又颇感惊喜，说明国人对学习和运用总体国家安全观的理论自觉和战略自觉空前高涨，对国家安全知识的渴望越来越迫切。

在此之后，总体国家安全观的思想理论体系又有了新的发展，"国家安全学"一级学科也全面落地，总体国家安全观研究中心的各项工作也全面启动。同时，中国面临的国家安全形势更加深刻复杂，国际局势更加动荡不宁。为此，我们决定延续编撰丛书第一辑的初心，延展对总体国家安全观的研究和宣介，由此有了手头丛书的第二辑。

装帧未变，只是变了封面的底色；风格未变，只是拓展了研究的领域。依然是六册，主题分别是《人口与国家安全》《气候变化与国家安全》《网络与国家安全》《金融与国家安全》《资源能源与国家安全》《新疆域与国家安全》。主题和内容是我们精心选定和谋划的，既是总体国家安全观研究中心成立以来的一次成果展示，也是中国现代国际关系研究院对国家安全研究的一种开拓。

与丛书第一辑全景式、大视野、"致广大"式解读国家安全相比，第二辑的选题颇有"尽精微"之意，我们有意将视角聚焦到了国家安全的不同领域，特别是一些最前沿的领域：

在《人口与国家安全》一书中，我们突出总体国家安全观中以人民安全为宗旨这根主线，强调"民惟邦本，本固邦宁"。尝试探求人口数量、结构、素质、分布和迁移等要素，以及它们如何与经济、社会、资源和环境相互协调，最终落到其对国家安全的影响。

在《气候变化与国家安全》一书中，我们研究气候变化如何影响人类的生产生活方式和社会组织形态，如何影响国家的生存与发展，以及由此带来的国家安全风险。从一个新的视角理解统筹发展和安全的深刻内涵。

在《网络与国家安全》一书中，读者可以看到，从数据安全到算法操纵，从信息茧房到深度造假，从根服务器到"元宇宙"，从黑客攻击到网络战，种种现象的背后，无不包含深刻的国家安全因素。数字经济时代，不理解网络，不进入网络，不掌握网络，就无法有效维护国家安全和理解国家安全的重要意义。

在《金融与国家安全》一书中，我们聚焦金融实力是强国标配、金融紊乱易触发系统性风险等问题，从对"美日广场协议""东南亚金融海啸""美国次贷危机"等教训的省思中，探讨如何规避金融领域的"灰犀牛"和"黑天鹅"，确保国家金融安全。

在《资源能源与国家安全》一书中，我们考察了从石器时代、金属时代到钢铁时代，从薪柴、煤炭到化石燃料、新能源的演进过程，重在思考资源能源既是人类生存的前提，更是国家发展的基础、国家安全的保障。

在《新疆域与国家安全》一书中，我们把目光投向星辰大海，放眼太空、极地、深海，探讨这些未知或并不熟知的领域如何影响国家安全。

上述六个主题，只是总体国家安全观关照的新时代国家安全的一小部分领域，这就意味着，今后我们还要编撰第三辑、第四辑。这正是我们成立总体国家安全观研究中心的初衷。希望这些研究能使更多的人理解和应用总体国家安全观，不断增强国家安全意识，共同支持和推动国家安全研究和国家安全学一级学科建设。

"今年花胜去年红。"我们期待，这套"总体国家安全观系列

总序

丛书"的第二辑依然能够获得读者们的青睐,也欢迎提出意见和建议,便于我们不断修正、完善、改进。

是为序。

总体国家安全观研究中心秘书长　　袁鹏
中国现代国际关系研究院院长

前 言

導 面

前言

民惟邦本，本固邦宁。人口问题是事关国家安全的根本性问题之一。古往今来，华夏九州有固本、实边等人口治理的实践，世界各国有大迁徙、大熔炉等人口发展的变迁，无不牵动着国家的兴衰起落。人口数量、结构、素质、分布和迁移等要素，如何与经济、社会、资源和环境相互协调，直接关系经济发展和国家安全。由此可见，人口问题是维系国家存立、运筹国家安全的基础性、系统性、战略性问题。

人口与国家安全是总体国家安全观的有机组成部分。在总体国家安全观的理论体系中，人民、国民等概念都与人口直接相关。总体国家安全观的"五大要素"和"十个坚持"中均强调以人民安全为宗旨，坚持政治安全、人民安全、国家利益至上有机统一；"五对关系"中强调既重视国土安全又重视国民安全；而在国家安全重点领域中，包括政治安全、国土安全、军事安全、经济安全、社会安全、文化安全、资源安全、科技安全、生物安全、生态安全等领域的安全风险，都会不同程度影响人口均衡发展。以人民安全为宗旨，统筹发展和安全，是思考人口与国家安全关系的重要原则。可以说，研究人口与国家安全，是坚持总体国家安全观，把国家安全同经济社会发展一起谋划、一起部署，做好新时代国家安全工作的必然要求。

随着我国进入新发展阶段，人口形势呈现新的发展特征，研判人口与国家安全的关系更需要纳入跨领域的系统思维和跨国界的全球视野，致力于不断增强人口发展的平衡性、充分性，促进人口长期均衡发展。换言之，新时代人口治理需要在发展和安全两个维度同时发力，一方面要为高质量发展提供有效人力资本支撑和内需支撑，另一方面要为高水平安全提供坚实基础和有效保障。唯其如此，才能实现高质量发展与高水平安全良性互动，最终为建设富强民主文明和谐美丽的社会主义现代化强国，实现中华民族伟大复兴提供强有力的保障。

本书在总体国家安全观的指引下，以人口与国家安全的关系为主线，共分十章，探百年变局与人口变迁，究华夏兴衰与人口

前言

起落,从人口数量、结构、素质、流动迁移等维度思考人口对国家安全的影响,从美国、欧洲、日本、印度与非洲等国家或地区人口发展面临的突出问题中汲取维护国家安全的经验。全书力求撷英拾萃、踵事增华,深入浅出地分析人口与国家安全的复杂关系,宏观展现当今时代全球人口发展趋势及其对国力、国策、国际关系的影响,以飨读者。

《人口与国家安全》课题组

目 录

1 国家安全的人口基石

第一章 001

从七次人口普查说起 005

人口变迁与百年变局 015

人口基石与安全风险 022

2 人口背后的王朝兴衰

第二章 029

中国历史人口变化趋势 033

封建王朝如何增加人口 036

人口增加政策的局限性 041

历史上的有组织移民 046

目录

3 人口规模与经济安全

第三章　　　　　　　　　　055

超大规模市场引力　　　　　061

小国寡民与大国众民　　　　066

超越增长极限　　　　　　　072

4 人口结构与社会安全

第四章　　　　　　　　　　081

性别结构与社会稳定　　　　085

老龄化问题的扩散　　　　　092

人口族裔与身份认同　　　　101

5 从人口大国到人才强国

第五章 109

人才是第一资源 113

国强则民强 118

十年树木与百年树人 121

6 人口流动迁移与国家安全

第六章 137

人类为何迁移 141

人口迁移的红利 147

"外来者"也可能是隐患 154

目录

7 美国还是"大熔炉"吗

第七章　　　　　　　　　　167

美国人的模糊面貌　　　　　171
族裔多样化与新社会裂痕　　179
人口变动与美式民主的困境　188

8 欧洲何以成为难民的"天堂"

第八章　　　　　　　　　　195

此起彼伏的难民潮　　　　　199
打开潘多拉魔盒的异乡人　　207
"大庇天下"与大安全　　　　213

9 少子老龄化会让日本走向消失吗

第九章 221

少子化危机 227

老龄化挑战 234

"低欲望社会"的日本式衰退 240

10 印度、非洲的"人口红利"

第十章 247

人多力量未必大 251

性别失衡之殇 259

最年轻的大陆 262

有增长难发展 266

目录

11 人口安全事关
国家安全

后语　　279

第一章
国家安全的人口基石

第一章

习近平总书记指出，我国是世界上人口最多的国家，人口问题始终是一个全局性、战略性问题。人口作为社会生活的主体，是维护国家安全的重要基础，人口发展关系经济发展、社会和谐、民族兴衰、国家安全，而国家安全风险也给人口长期均衡发展带来挑战。

2021年是中国共产党成立100周年。百年前，中国已是世界第一人口大国，人多力量却不大，多子却难享多福，积贫积弱，一穷二白，四万万同胞四分五裂如同一盘散沙，"地大而虚弱，人多而散漫"，被辱为"东亚病夫"，备受西方列强欺辱，国家安全危机四伏。从1860年到1937年，中国首都三度为外敌攻陷。由于政府腐败无能、治理混乱，饥荒、战乱、疾病等国家安全风险与人口问题相交织，民众一直挣扎在水深火热之中。1850年，马克思评论中国人口问题时曾这样说道："缓慢地但不断增长的过剩人口，早已经使他的社会条件成为这个民族的大多数人的沉重枷锁。"

新中国成立以后，社会安定、经济恢复、医疗卫生保障水平提高，全国人口增速加快，中华民族重新迸发出生生不息的活力。中国始终坚持人口与发展综合决策，立足人口基本国情，不断完善生育政策，把人口负担转化为人口红利和人才红利，为维护国家安全夯实人口基石，走出了一条有中国特色的人口发展道路。"久困于穷，冀以小康。"在中国共产党的领导下，中国实现了全面小康，14多亿人口筑牢国家统一、民族团结、社会稳定的国家安全屏障，人口规模巨大的现代化、全体人民共同富裕的现代化稳步推进，中华民族即将迎来历经"百年屈辱"后的伟大复兴，更加自信、自强地屹立在世界的东方。

第一章

从七次人口普查说起

人口是社会发展的主体，也是影响经济可持续发展和国家安全的关键变量。通过人口调查和统计，摸清人口"家底"，才能为制定经济社会长远发展规划、维护国家安全实现长治久安提供准确数据支撑。

对于2020年开展的第七次人口普查，习近平总书记指出，这是新时代开展的一次重大国情国力调查，也是党和国家工作中的一件大事；要通过这次人口普查查清我国人口数量、结构、分布等方面情况，把握人口变化趋势性特征，为完善人口发展战略和政策体系、制定经济社会发展规划、推动经济高质量发展提供准确统计信息支持。

通过梳理七次人口普查，我们一方面可以看清中国国力的不断提升和强大，从站起来、富起来到强起来的一路成长的过程，另一方面也可以深切体会，中国共产党为人民谋幸福、为民族谋复兴的初心始终未变。根据每次人口普查的结果，党和政府统筹发展和安全，及时调整和优化相关人口发展政策，为国家安全和经济社会协调发展奠定坚实的基础。

中国是世界上最早进行人口统计的国家之一，最初主要用作征兵、劳役、赋税等的依据。根据《后汉书》记载，在夏禹时期（约公元前2070年），大禹曾经"平水土、分九州、数万民"。《史记》记载，秦始皇统一中国后，设置地方田亩和户口图籍，在公元前231年"令男子书年"（登记年龄）。由于此前人口统计主要用于课税、劳役，统计仅仅是对人口数字的简单登记和汇总，漏报等现象较为严重。

中国在解放前曾有过不完整的人口调查，四万万一度成为中国人口数量的代名词。"世间无物抵春愁，合向苍冥一哭休。四万万人齐下泪，天涯何处是神州？"谭嗣同的诗句表达了对19世纪和20世纪之交国势衰微的深深忧虑。

现代意义上的人口普查起源于美国。1790年3月1日，美国进行了第一次全国人口普查。人口统计数据的用途更为广泛，包括在政治上要按照人口数量分配议员名额，在军事上帮助推行义务兵役制，在经济上确保税收等。在人口统计学发展的基础上，人口学也逐步形成，成为"对人口规模、地域分布、人口构成和人口变迁以及这些变迁的要素，如生育、死亡、迁移和社会流动的研究"。

1953年，中国开展了第一次全国人口普查，首次采用全面科学的调查方法，主要目的是为人民代表大会选举摸清人口底数。它不仅标志着中国开启具有现代意义的人口普查，更意味着中国人民首次拥有了当家作主的权利。通过第一次全国人口普查，中国查清了全国人口底数。1953年6月30日24时，中国人口总数为6.02亿人，其中，男性占51.82%，女性占48.18%；18岁及18岁以上的人口占58.92%；城镇人口占13.26%，农村人口占86.74%。1953年的人口普查显示，经过3年的国民经济恢复时期，随着人民生活改善和医疗卫生保障水平的提高，我国人口自然增长率创下了23.0‰的新高。

远高于预期的人口数与当时中国有限的资源、落后的综合国力形成了鲜明对比，引起了中央领导和学术界的重视。1953年，毛泽东同志首次提出节制生育和计划生育的概念，主张人口的生产要处于有计划状态，要纳入国家计划，要提倡节育，有计划地生育。1957年7月5日，《人民日报》发表了马寅初的《新人口论》，分析了人口增长过快与经济社会发展的矛盾，主张控制人口数量、提高人口质量。虽然对马寅初观点的认识此后出现了反复，但是人口因素在国家发展和安全全局中已经被置于更加突出的位置。

1962年，党中央经过慎重考虑，发出了《关于认真提倡计划生育的指示》。1964年，我国人口稠密的农村开始进行计划生育试点。1971年，党中央、国务院作出在全国城乡全面推行计划生育的重大决策。1973年第一次全国计划生育工作汇报会正式提出了"晚、稀、少"政策，并将人口发展首次列入国民经济和社会发展五年计划。1975年,毛泽东同志再次作出"人口非控制不可"的指示,确立了以控制人口增长为基调的人口战略。20世纪70年代,计划生育在全国推行。我国人口出生率由1970年的33.43‰降至1978年的18.25‰,但由于人口基数大,人口增长依旧很快。

  1982年开展了第三次人口普查,这也是改革开放以后首次全国普查。此次调查项目增加到19项,包括"常住户口已外出一年以上人数"等,关注改革开放以来的人口迁徙问题。此次普查首次对数据进行计算机处理,使用29台高性能的电子计算机(其中8台由我国自行购置,21台由联合国资助),同时对普查资料进行空前规模的数据处理。1982年7月1日零时,中国大陆人口共10.1亿人,其中,男性占51.5%,女性占48.5%;人口年平均增长率为2.1%;城镇人口占比20.6%。

  通过普查,中国人口地域分布不均问题不断显现。1987年,地理学家胡焕庸根据中国第三次人口普查数据提出:"东半部面积占目前全国的42.9%,西半部面积占全国的51.7%……在这条分界线以东的地区,居住着全国人口的94.4%;而西半部人口仅占全国人口的5.6%……"此前,胡焕庸1935年曾根据1933年的人口分布图与人口密度图首次提出"瑷珲—腾冲线"(1983年改称黑河市,也称"黑河—腾冲线")的概念,认为"自黑龙江之瑷珲向西南做一直线,至云南之腾冲为止,分全国为东南与西北两部……惟人口之分布，则东南部计4亿4千万，约占总人口之96%；西北部之人口，仅1800万，约占总人口之4%"。"瑷珲—腾冲线"揭示了中国区域经济发展水平和城镇化水平存在的明显差异。

1978年全国人口达9.6亿人，当时我国经济总量在世界排名第11位，但人均国民生产总值排名靠后，人口对于经济发展的制约较为突出。面对严峻的人口形势，邓小平同志把控制人口增长与实现国家现代化的目标紧紧联系在一起，指出"我们的人口政策是带有战略性的大政策"。1978年，我国首次将计划生育写入宪法。1982年，党的十二大把计划生育确立为基本国策。

计划生育政策推动我国人口再生产类型从"高出生、低死亡、高增长"向"低出生、低死亡、低增长"转变。随着生育率的迅速下降，创造了抚养负担较低、劳动年龄人口充裕、储蓄率较高的人口红利期。人口红利是指在劳动年龄人口增长速度快于人口整体增长速度期间，形成了一系列有利于生产要素积累和生产率提高的条件。改革开放使得我国人口红利得到充分释放，据测算，1978—2010年，人口红利对我国经济增长的贡献率达到20%—25%。

1994年，我国正式确立了国家周期性普查制度，其中人口普查每10年进行一次，尾数逢"0"的年份为普查年份。2000年我国进行了第五次全国人口普查的登记工作。第五次全国人口普查第一次采用光电录入技术，并建立了人口地理信息系统。2000年11月1日0时，中国大陆人口共12.66亿人，其中，男性占比51.63%，女性占比48.37%；人口年平均增长率为1.07%；15—64岁的人口占比70.15%，65岁及以上人口占比6.96%；城镇人口占比36.09%。第五次人口普查数据显示，我国60岁及以上人口比重超过10%，已经进入老龄化社会。

计划生育政策的执行产生了明显的效果，人口年平均增长率大幅下降。根据执行的效果和各地差异，2001年12月29日，第九届全国人大审议通过了《中华人民共和国人口与计划生育法》（2002年9月1日施行），其中规定"国家稳定现行生育政策，国家鼓励公民晚婚晚育，提倡一对夫妻生育一个子女；符合法律、法规条件的，可以要求安排生育第二个子女"。其后，部分地区执行了差异化的计划生育政策，包括第一个孩子是女孩时，间隔几年可以再生育一个孩子；夫妇同为独生子女的，可以生育两个孩子；少数民族、再婚、归侨等可以生育两个或更多的孩子等。

从2010年第六次人口普查开始，我国将人口普查标准时点定为11月1日0时。2010年6月，《全国人口普查条例》正式实施，为开展第六次全国人口普查提供了法律保障。

第六次全国人口普查的登记原则由以往的常住地登记改为现住地登记。普查项目缩减至45项，并首次将居住在中国大陆的港澳台和外籍人士纳入普查范围。2010年11月1日0时，中国大陆人口共13.4亿人，其中，男性占51.27%，女性占48.73%；人口年平均增长率为0.57%，人口增长进入低生育水平阶段；城镇人口占49.68%；60岁及以上人口占13.26%，老龄化社会特征进一步凸显。此次普查发现，人口迁移流动数量大、频率高，人户分离现象十分普遍。居住地与户口登记地所在的乡镇街道不一致且离开户口登记地半年以上的人口为2.61亿人，同2000年第五次全国人口普查相比，人户分离人口增加1.17亿人，增长81.03%。我国人口平均预期寿命达到74.83岁，比2000年提高3.43岁。

面对人口增长进入低生育水平阶段和老龄化加速的趋势，2013年11月12日，党的十八届三中全会在《中共中央关于全面深化改革若干重大问题的决定》中提出："坚持计划生育的基本国策，启动实施一方是独生子女的夫妇可生育两个孩子的政策，逐步调整完善生育政策，促进人口长期均衡发展。""单独两孩"政策随之陆续推行。2016年，又出台"全面两孩"政策。

2020年我国进行了第七次人口普查，显示中国人口呈现总量增长惯性减弱、老龄化程度加深、劳动力规模下降等特点。从人口总量上看，过去10年间保持了惯性增长态势，但增长势头有所减弱。中国仍是世界第一人口大国，大陆人口共14.1亿人，人口规模压力仍然较大。

从年龄结构上看，0—14岁少儿人口比重从2010年的16.6%提高到2020年的17.95%；15—59岁劳动年龄人口在2011年达到9.4亿人峰值以后逐步减至2020年的8.9亿人；60岁及以上老年人口规模达到2.6亿人，占总人口比重达到18.7%。

从人口迁徙流动情况看，人口流动依然活跃，人口的集聚效应进一步显现。普查结果表明，居住地与户籍所在地不一致的现象已相当普遍，2020年我国人户分离人口达到4.93亿人，约占总人口的35%。其中，流动人口3.76亿人，10年间增长了近70%。从流向上看，人口持续向沿江沿海地区和内地城区集聚，长三角、珠三角、成渝城市群等主要城市群的人口增长迅速，集聚度加大。

从人口的城乡结构看，我国城镇常住人口持续增加，常住人口的城镇化率进一步提高。10年间城镇常住人口增加了2.36亿人，常住人口城镇化率提高了14.21个百分点，比上一个10年的增速加快了0.75个百分点。普查结果表明，加快实施促进以人为核心的城镇化，提高以质量为导向的新型城镇化战略，推动农业转移人口市民化，取得了明显成效。

1992年诺贝尔经济学奖获得者、芝加哥大学经济学教授加里·贝克尔从经济学角度提出孩子数量与质量相互替代的理论，认为当收入水平提高后，人们宁愿选择数量较少而质量较高的孩子。随着经济增长，少子化的趋势也逐渐在中国出现。出生率与死亡率之差即为人口的自然增长率。1998年以后，中国的人口自然增长率就一直低于10‰。2021年末中国总人口比上年末增加48万人；全年出生人口1062万人，人口出生率进一步降至7.52‰，人口自然增长率为3.4‰。

专家指出，出生人口和死亡人口相差100万的时候，就处在人口零增长区间，"十四五"期间中国人口可能会进入零增长区间。零增长区间的时间可能延续5年甚至更长时间，等人口变化稳定之后，才能确定是否进入负增长阶段。《国家人口发展规划（2016—2030年）》指出，中国人口总量预计将在2030年前后达到峰值。根据联合国预测，中国将于2025—2030年期间达到总人口数量峰值。

党的十八大以来，习近平总书记对我国人口形势变化特点作出重要的判断，指出"当前，我国人口结构呈现明显的高龄少子化特征，适龄人口生育意愿明显降低，妇女总和生育率明显低于更替水平"，"在未来相当长时期内，我国人口众多的基本国情不会根本改变，人口对经济社会发展的压力不会根本改变，人口与资源环境的紧张关系不会根本改变"。

中国人口形势的变化对国家安全带来了新的挑战。以经济安全为例，低生育率与老龄化叠加，中国劳动年龄人口已经达到峰值，对经济增长供给侧产生影响，导致经济潜在增长率下降；中国总人口也将面临转折点，对经济增长需求侧产生影响，未来经济增长承压；老年人口增加较快，养老金支付比重和规模高涨，财政压力加大等。

　　针对中国人口形势变化对经济发展和国家安全带来的影响，以习近平同志为核心的党中央，作出逐步调整完善生育政策、促进人口长期均衡发展的重大决策，先后实施"单独两孩""全面两孩""三孩生育"政策，标志着独生子女政策完成了历史使命，开启了生育政策新时代。2021年中国颁布《中共中央国务院关于优化生育政策促进人口长期均衡发展的决定》，这不仅是一个生育政策，也是经济社会发展和保障改善民生的综合性政策。配套支持政策聚焦群众关切，将婚嫁、生育、养育、教育一体考虑，有助解决群众后顾之忧，释放生育潜能，促进家庭和谐幸福。

　　到21世纪中叶，中国人口总量仍将保持在13.5亿人以上，人口红利依然存在，人才红利优势更加突出，人口健康水平不断提升。随着人口政策的逐步完善，中国经济发展长期向好，仍然具备较好的人力资源保障。要牢牢立足社会主义初级阶段的人口国情，充分挖掘、开发和释放人才红利、健康红利，延长人口红利，为维护国家安全、全面建设社会主义现代化国家、实现中华民族伟大复兴的中国梦创造良好的人口环境。

第一章

人口变迁与百年变局

习近平总书记指出，"当今世界正在经历百年未有之大变局。这场变局不限于一时一事、一国一域，而是深刻而宏阔的时代之变"。百年变局正是中国国家安全面临的突出时代背景。从人口变迁角度审视百年变局，既可以把握"东升西降""南升北降"在人口领域的重要体现，也可以认识到中国人口数量型、质量型优势并举，汇聚起维护国家安全的强大力量，推动中华民族复兴进入不可逆转的历史进程，成为百年变局最大的动力源泉。

人类文明史也是人口发展史，人口发展水平成为人类文明程度的重要体现。中国古代先贤已关注到人口对于国家安全和文明延续的重要意义。春秋时期齐国思想家管仲在《管子·霸言》中提到，"夫霸王之所始也，以人为本。本治则国固，本乱则国危"。战国时期商鞅利用秦国"地广而民少"而邻国韩、魏"地狭而民众"这一特点，向邻国民众提供"利其田宅，复其三世"优越待遇以吸引他们迁入秦国，不断壮大秦国国力。对于如何处理好人口与土地的关系，古代思想家也有深入思考。《管子》一书提及："地大而不为，命曰土满；人众而不理，命曰人满。"

法国哲学家奥古斯特·孔德认为，人口就是命运。古埃及、古罗马，都具有相当的人口规模，支撑了经济发展和军事实力，也确立起其在全球版图中的地位。古罗马帝国是人类历史上最强大的帝国之一，然而公元3世纪，罗马帝国陷入严重的危机中，终致476年西罗马帝国彻底崩溃。罗马帝国到底是怎么灭亡的？英国史学家爱德华·吉本在《罗马帝国衰亡史》中提到："罗马公民的道德退化，共和制及其精神的泯灭，公民美德的丧失，禁卫军制度等都是罗马帝国危机的要素。"人口因素正是其覆亡的重要原因之一。一方面，罗马公民常年在外服役征战，死亡率较高，生育受影响，同时社会道德败坏进一步恶化了人口问题。美国历史学家斯塔夫里阿诺斯指出："帝国的扩张给文化带来破坏性影响，当大量财富开始源源涌入首都之时，有关节俭、禁欲、勤劳的古老说教很快被遗忘了……"在共和末期和帝制时代，愿意缔结正式婚姻的人日益减少，家族观念大大衰退；道德沦丧带来的天花等疾病流行、独身人口增加和堕胎等因素交相作用，导致古罗马人生育率下降，人口持续减少。另一方面，以公民兵制为主体的古罗马军队，大多数由自由人组成，古罗马帝国以奴隶为主的大规模生产挤压了自由人（包括小生产者、手工业者等）的自由劳动，部分自由人居无定所，甚至沦为奴隶，导致罗马帝国兵源日渐枯竭，甚至以大量奴隶、罪犯充数，削弱了帝国的军事安全。面对以日耳曼人为代表的蛮族入侵，罗马人节节败退、颓势难改。罗马帝国灭亡后，西欧自此到15世纪文艺复兴前，进入到长达千年的"中世纪"，又称"黑暗世纪"。

  西方国家的崛起，始于文艺复兴时期，通过大航海时代与

第一章

地理大发现得以加强,并在第一次工业革命后彻底确立。18世纪初至20世纪初,欧洲国家牢牢掌握着经济、政治、军事的主导权与话语权。其中,英国通过第一次工业革命成为当时最发达的资本主义经济强国。英国经济学家亚当·斯密认为:"人口增长既是经济发展的结果,又是经济发展的原因。"从人口角度看,英国18世纪人口迅速增加,每年增加大量劳动力,而有限的土地无法满足农民需求,大量破产农民流入城市,源源不断地满足了工业革命对劳动力的需求,适应和加速了经济起飞和持续经济发展的进程,成为工业革命成功的关键。同时,英国经济起飞刺激了人口高速发展,英国人口增长的高峰时期与经济腾飞的1810—1820年高度重合。随着人口增长,英国不断向世界各地迁移国内过剩人口,占据大量殖民地,奠定"日不落帝国"基础,其国际地位也逐渐达到顶峰。与此同时,欧洲人口占世界比重从1700年的18%上升到1900年的25%,英国、法国等向北美洲、大洋洲大量移民。英国学者卡尔·桑德斯在《人口问题》中,通过对近代世界人口增长的动态分析得出结论,1700—1900年,欧洲、北美洲、大洋洲伴随资本主义的上升阶段,人口增长迅速,合计增长2.86倍。这一时期,亚洲、非洲、拉丁美洲的大部分地区仍处于殖民地或半殖民地半封建状态,生产力发展异常缓慢,导致人口增长缓慢,同期这些地区人口仅增长了1.34倍。西欧国家的人口增长带动整体崛起,进而推动西欧逐渐成为

19世纪世界的中心。

"20世纪是世界发生巨大变化的时期，无论从广度还是深度看，大变局都是前所未有的。"第二次工业革命的主场转到了美国。以"电气化"为标志，人类进入电气时代。美国在世界工业总产值的比重，从1860年的17%上升到1890年的31%。之后的两次世界大战，美国大发战争财，1951年工业总产值占比一跃升至55%。与此同时，由于外来移民和高生育率，美国的人口也急剧增加。1790年第一次人口普查时美国人口仅有390万人，1900年增加到7621万人（占全球4.8%），二战结束后的1950年已增加到1.52亿人（占全球6%），2010年已达3.1亿人。根据《世界人口展望2019》数据，如果能够保持目前的生育率，美国将在2100年达到4.78亿人口。纵观美国人口变迁史，从18世纪中后叶建国至今，美国人口由百万跨过千万，再过亿，并将持续到21世纪末的近5亿人。从1776年开始，美国人口增长到1亿人用了139年，超过2亿人用了52年，达到3亿人却只用了39年，如果继续发展下去，超过4亿人时间将缩短为37年。国际人口迁移促进了美国经济的增长，具有活力、创造力和劳动能力的人口源源不断地进入美国，缓解了美国人口老龄化的压力，延续了美国经济的活力。综合考虑国土面积、资源等因素，美国人口还有一定上升空间。人口因素在减缓美国霸权地位衰退中还将发挥一定的作用。

第一章

20世纪60年代中期以后，工业化国家人口增速开始放缓，一些国家甚至出现负增长。与此同时，亚非拉国家人口增速加快。伴随此轮人口变迁，全球经济重心也在悄然转移。以中国为代表的亚洲新兴经济体，通过制度创新，有效将人口压力转化为人口红利、人才红利，推动经济迅速增长，逐步成为世界经济的新中心，引领东升西降。世界正经历百年未有之大变局，以中国为代表的发展中国家在与经济全球化相联系而不是相脱离的进程中、在没有进行殖民扩张和发动对外战争的状态下、独立自主地实现和平崛起，这是开天辟地的历史性事件。这场大变局的本质属性是西方与非西方之变，是西方主导与非西方群体性崛起之变，是资本主义席卷全球与资本主义出现体制性危机之变。

当前，中国作为世界第一人口大国和最大的发展中国家，人口规模由1950年的5亿多增加到如今逾14亿，中国人口占世界人口比重由1950年的22.02%下降到2020年的18.18%。中国人口在继续保持数量型优势的同时，质量型优势也不断凸显。

首先，率先消除绝对贫困。2021年2月25日，习近平总书记庄严宣告，脱贫攻坚战取得了全面胜利，中国完成了消除绝对贫困的艰巨任务。改革开放以来，按照现行贫困标准计算，中国7.7亿农村贫困人口摆脱贫困；按照世界银行国际贫困标准，中国减贫人口占同期全球减贫人口70%以上。占世界人口近1/5的中国全面消除绝对贫困，提前10年实现《联合国2030年可持续发展议程》减贫目标，不仅是中华民族发展史上具有里程碑意义的大事件，也是人类减贫史乃至人类发展史上的大事件。

其次，当前中国人口素质已有明显提高，人才红利优势不断显现。第七次全国人口普查主要数据显示，我国具有大学文化程度的人口为21836万人，与2010年相比，每10万人中具有大学文化程度的由8930人上升为15467人，15岁及以上人口的平均受教育年限由9.08年提高至9.91年，文盲率由4.08%下降为2.67%。

最后，随着经济持续增长，中国人口支撑的超大规模市场优势也不断凸显。"中国14亿人口、4亿以上中等收入群体构成的超大规模市场和内需潜力将充分释放，为世界创造更多需求、带来更多机遇。"2021年，中国经济总量达114.4万亿元，突破110万亿元，按年平均汇率折算，达17.7万亿美元，稳居世界第二，占全球经济的比重超过18%。人均GDP 80976元，按年平均汇率折算，达12551美元。根据今后中国经济潜在增长能力和人口增长情况，中国社科院研究人员预测，2021—2035年，中国人均GDP年均潜在增长率为4.81%，预计中国实际人均GDP在2025年将达到13852美元，2035年达到21731美元。

中国要实现的现代化是人口规模巨大的现代化。人类历史上从未有过如此大的人口规模、以全体人民共同富裕为标志的现代化。相较于中国逾14亿的总人口，2019年，按照世界银行分组，全部高收入国家的人口总和为 12.36 亿人。这意味着中国的现代化将使得全球高收入人口数量翻番，改变全球人口收入分布结构，缓解全球人口的贫富分化，这是中国作为一个发展中的新兴经济体对人类和世界做出的贡献。这从一个侧面表明，中华民族伟大复兴正是世界百年变局最大的动力和最宏伟的篇章。

联合国人口基金会发布的《2021 世界人口状况》报告显示，现阶段世界人口总数为 78.75 亿人，与 2019 年 77 亿人相比虽仍保持增长的趋势，但增速在放缓。20 世纪上半叶全球人口年均增长 1%，下半叶为 2%，21 世纪前 20 年降至 1.3%。大多数人口大国人口绝对规模缓慢增长、增长率下降，呈现不同程度的少子老龄化特征。联合国报告认为，人类社会整体上在 2001 年已经进入老龄化社会，将在 2045 年跨入深度老龄化社会。

新冠肺炎疫情对世界人口的影响也不断显现。一方面，因疫情死亡的人数创新高。另一方面，疫情在一定程度上也推迟了年轻人的婚育安排。国际上多项调查研究发现，疫情发生以来，多个国家和地区生育水平有所下降。

展望世界未来人口发展趋势，联合国发布的《世界人口展望 2019》报告指出，到 2030 年，预计全球人口将达到 85 亿人，2050 年全球人口有望达到 97 亿人。印度预计会在 2027 年前后取代中国成为世界第一人口大国。与此同时，从全球范围来看，未来人口增长将呈总体减缓趋势。从 2019 年到 2050 年，有 26

个国家的人口数量至少将减少10%。同期，撒哈拉以南非洲将增长约10亿人口，超过世界总人口增长的半数。撒哈拉以南非洲人口预计将持续增长到21世纪末。相对而言，东亚和东南亚、中亚和南亚、拉美和加勒比地区、欧洲和北美地区人口将在21世纪末之前达到人口峰值，并趋于下降。到2050年，一半的世界新增人口将集中在印度、尼日利亚、巴基斯坦、刚果（金）、埃塞俄比亚、坦桑尼亚、印度尼西亚、埃及、美国9个国家。

最贫穷的国家和地区往往人口增长最快，47个最不发达国家的人口预计在2019年到2050年实现翻番。这些国家人口的快速增长对消除贫困、赢得更广泛的平等、战胜饥饿和营养不良、加强卫生和教育系统等都带来较大压力，将对实现可持续发展目标带来严峻挑战。

人口基石与安全风险

人口因素具有双重属性，既作为生产者又作为社会财富的消费者而存在，与社会、经济、政治、生态、资源等有着密切联系。从生产者角度看，人口是社会生产力不可或缺的前提和要素；从消费者的角度看，生产领域所生产的物质资料最终要经过分配进入消费领域，从而使生产流动过程的终点落在人口的消费上。"人口实际上是生产活动的起点和终点。"

从这个意义上说，人口是国家安全和经济发展的重要基础和保障，合理的人口数量、结构、素质、分布是维护国家安全、推动社会经济持续健康发展的重要条件。人口与国土、资源等一样，是国家安全的基石。

人口的安全含义，也被专家学者称为人口安全。在总体国家安全观理论体系中，国家安全重点领域并没有包括人口安全，但是总体国家安全观涉及的人民、国民等概念都与人口密切相关。国家安全工作归根结底是保障人民利益，要坚持国家安全一切为了人民、一切依靠人民，为国泰民安提供坚强保障。总体国家安全观强调以人民为中心、以人民安全为宗旨，坚持人民安全、政治安全和国家利益至上的有机统一，既重视国土安全又重视国民安全，统筹发展和安全，都是思考人口与国家安全问题的重要原则。

人口安全概念也出现在我国重要的人口政策文件中。比如2017年公布的《国家人口发展规划（2016—2030年）》中指出，准确把握人口变化趋势性特征，深刻认识这些变化对人口安全和经济社会发展带来的挑战，对于谋划好人口长期发展十分重要；着力改善人口资源环境紧平衡，制定和完善与主体功能区相配套的人口政策，大力推行绿色生产生活方式，保障边境地区人口安全；加强人口动态监测和评估，建立人口预测预报制度；开展重大决策人口影响评估，加强人口安全风险防控等。

2019年我国制定的《国家积极应对人口老龄化中长期规划》明确指出："积极应对人口老龄化是维护国家安全和社会和谐稳定的重要举措；人口结构持续老龄化，既不利于保持代际和谐与社会活力，也不利于维护国家人口安全和增强国际竞争力；必须有效防范和化解人口老龄化带来的社会稳定风险和国家安全风险，才能确保中华民族世代永续发展、始终屹立于世界民族之林。"

专家学者对人口安全的理解存在一定的差异，比较有代表性的观点如下。宋健等认为，人口安全就是对人口风险的防范。张维庆认为，人口安全就是一个国家的综合国力和国家安全不因人口问题而受到损害，能够避免或化解人口方面出现的局部性或全局性危机，主要内容包括一个国家在一定时期内人口数量、人口素质、人口结构、人口分布以及人口迁移等因素与经济社会的发展水平、发展要求相协调，与资源、环境的承载能力相适应，能够实现可持续发展以及人的全面发展。陆杰华、傅崇辉等学者认为，人口问题上升到人口安全问题需要具备两个必要条件：一是这些问题所引发的矛盾是所有人口问题中最突出、最尖锐的；二是这些问题解决不好，会使国家的政治社会经济出现局部或全局性的灾难。李小平等认为，人口安全可以视为"个人生命安全"的一个集合术语，是由许许多多个体组成的人口群体的生命安全问题。有的学者把人口的自然发展不遭受严重威胁和损害界定为狭义的人口安全，而把人口的经济社会发展不遭受严重威胁和损害定义为广义的人口安全。有的学者强调，人口安全问题的特点是缓慢的、持续的。

这些观点有的强调"人口"这个主体自身的存续和协调、健康发展的态势，有的强调"人口"对于保障国家安全和社会稳定的作用，关注的是人口问题对国家和社会造成的影响，各有侧重。全面、综合的认识人口的安全基石作用，才能准确把握人口与国家安全的关系。

人口的安全含义不仅指人口系统内数量、结构、素质、分布、迁移等要素间的合理稳定状态，同时也意味着人口系统与经济、社会等其他系统之间处于一种协调状态，利于经济社会的可持续发展，从而为维护和塑造国家安全形成良好的人口发展条件。同时，准确把握人口变动趋势，加强超前谋划和战略预判，从战略层面提早防范和有效应对潜在的风险挑战，对于促进人口长期均衡发展意义重大。首先是合理人口状态的反映，包括与生产力发展水平相适宜的人口总量；合理的人口年龄结构、性别结构、职业结构、教育结构等；不断提升的人口素质等。其次是人口平稳变动状态的反映。人口变动，受到出生、死亡、迁移和政治、经济、社会、资源多方面的影响。过于快速的人口年龄结构变动和性别结构变动，对人口发展是一种威胁，而相对平稳的人口变动有利于人口自身的安全，也更能服务于经济社会可持续发展。再次是人口健康状态的反映。包括人口的身体健康和精神健康，前者涉及良好的营养条件、健全的人口防疫系统、良好的社会医疗保障水平等方面，后者涉及人口整体的道德水平、知识水平、心理健康水平等。最后是人口与资源、环境相协调状态的反映。人口与资源、环境的相互协调，是一国社会经济可持续发展的基本条件，如果人口的数量与结构不能达到与自然资源、生存环境的相互协调，人口本身就必然表现出各种各样的不安全状态，例如较大的就业压力、食品与粮食的短缺危机、水资源或资源能源的严重短缺以及洪涝灾害、土地锐减和荒漠化等问题。在经济发展和国家安全等重大决策中，要充分考虑人口因素的影响，推动实现人口与经济社会、资源环境协调可持续发展。

当前，我国人口规模增长惯性减弱、劳动年龄人口波动下降、老龄化程度不断加深。我们要以总体国家安全观为指导，科学研判当前和未来我国人口发展态势，在客观认识人口国情变与不变的基础上，聚焦各类人口发展不平衡问题，深刻认识这些变化对国家安全和经济社会发展带来的挑战和机遇，统筹发展和安全，因应施策，促进人口长期均衡发展。

第一章

参 考 文 献

1. 郭未:《人口学》，社会科学文献出版社 2018 年版。
2. 蔡昉:《读懂未来中国经济》，中信出版集团 2021 年版。
3. [美]保罗·肯尼迪著，王保存等译:《大国的兴衰: 1500—2000 年的经济变革与军事冲突》，中信出版社 2013 年版。
4. 葛剑雄:《中国人口发展史》，四川人民出版社 2020 年版。
5. 田雪原:《大国之策——新中国人口政策回顾与展望》，福建人民出版社 2020 年版。
6. 任远:《历史的经验——中国人口发展报告（1949—2018）》，经济管理出版社 2019 年版。
7. 张车伟:《中国人口与劳动问题报告 No.20——面向更高质量的就业:"十四五"时期中国就业形势分析与展望》，社会科学文献出版社 2019 年版。
8. 李仲生:《世界古代人口经济史》，中国人事出版社 2017 年版。
9. 江大伟:《新中国成立以来人口安全思想研究》，人民出版社 2018 年版。

第二章

人口背后的王朝兴衰

第二章

中国古代缺乏对经济活动的精确统计，人口便成为了王朝兴衰的晴雨表，人口数量能在一定程度上反映历史的特点和走向。1904年《东方杂志》刊文有言"然究天下治乱，悉视户口之增减"。历朝历代，越是国家安全能得到较好保障，人口数量就越可较快增长，并累积到一定规模。人口越多、王朝对人口的动员能力越强，朝廷就越可能获得足够的税赋和兵源，从而进一步巩固国家安全的物质基础。历代统治者认为人口事关存亡和安危，努力提升人口数量、调整人口分布。这些政策带有鲜明的时代烙印和王朝特色，是王朝治国理政能力的重要体现，效果也不尽相同。

第二章

中国历史人口变化趋势

从先秦至清,中国人口从数百万增长至"四万万",但涨势不是线性、平稳的上升,更非指数型的扩张,而是表现为较长时段持续增长与较短时间大幅下落的交替出现,即"大起大落"。

"大起"对应的多为历史盛世。此间,社会保持大体太平,没有严重的战乱和自然灾害,经济能够恢复和发展,人口也会随之较快增长。根据复旦大学葛剑雄教授的研究,在较长时期内(如西汉 200 年间),中国历史人口的年均增长率约为 5‰—7‰,较短时期内(清朝期间)为 10‰—12‰,更短时期内(王朝建立初期)能接近 20‰。作为直观比较,2021 年发布的第七次全国人口普查公报显示,2010 年以来我国人口的年均增长率为 5.3‰。可以说,古代即便在较为安定的时期,人口增长率也没有很快,只是人口增长持续较长时间后,积累起来的人口数量便较为可观。葛剑雄教授曾指出,中国历史人口的"大起"更多是印象而非现实。

中国现存最早的对全国人口数量的记载见于《汉书·地理志》,载明西汉元始二年(公元 2 年),全国人口有 5900 多万人。

彼时正值大一统的汉家天下，主要人口聚居区均在中央政权控制之下，又有国家机器强大、调查制度完善等优势，统计数据相对精确，被学者认为具有较大的参考价值。之后，东汉和隋朝的人口都曾达到或超过6000万人，盛唐时期的人口则增加到了6500万至8000万人。但直到12世纪初的北宋后期，中国人口才达到1亿人的里程碑。从西汉的6000万人到北宋的1亿人，时间已过千余年。发达的商品经济、南方土地的开发、占城稻等高产农业品种的推广，为供养1亿人口提供了物质基础。

1亿人口是巨大的基数，增长时的滚雪球效应会日益突出。宋代以后，中国人口倍增的速度明显加快。17世纪，中国人口于明朝中叶突破2亿人，用600年时间实现了倍增。玉米、番薯等南美洲作物的传入，以及人口更大范围内的迁徙，一定程度上抑制了人地矛盾激化。200多年后，清朝人口在太平天国运动前突破了4亿人。英国经济史学家安格斯·麦迪森曾通过统计方法得出1820年中国GDP占世界的32.9%，便是以人口总数约4亿人、人均GDP为600美元作为依据估算的。

与"大起"相伴的还有"大落"。如果从西汉元始二年起，中国人口一直保持5‰的增长率，那么到宋代中国的总人口便将接近9亿，而这在现实中显然没有发生。王朝末年，战乱四起。战争加剧饥荒，而人畜死亡、军队调动和灾民流动又会导致瘟疫暴发和扩散，人口大量死亡。据复旦大学出版的《中国人口史》各卷的研究，两汉之间的10多年里，户口数量减少了2/3到3/4，人口数量从6000万人减少到约3500万人。东汉末年与三国时期的战祸尤为惨烈，"建安七子"之一的王粲有诗云"出门无所见，白骨蔽平原。路有饥妇人，抱子弃草间"。当时全国人口可能仅存2300万人，为西汉至清朝的谷底，相较东汉6000万人口损失超过50%。这种惊人比例的人口损失，在隋唐之间、安史之乱、五代十国、宋元之际的动乱都悲剧性重演。直到元明、明清交替之际，由于已经存在多个人口密集地带，人口损失的比例才降到了20%—25%，但在受到动乱最严重冲击的地区，人口的损失比例也颇为惊人。

清朝咸丰、同治年间，在太平天国运动、西北战乱和北方旱灾的叠加冲击下，中国于1850—1877年减少的人口达到惊人的1.18亿人，绝对值为历次"大落"之最。有学者认为，如此规模的人口损失是因为中国陷入了"马尔萨斯陷阱"：人口的增速超过资源，打破人口与土地、粮食之间的紧平衡，直至需要以战争、饥荒和瘟疫等残酷的方式来抑制和减损人口。研究显示，中国历史上的人均粮食耕地面积从宋代开始下降，由3.75市亩一直降低到了清代中晚期的1.71市亩，远超同期每亩粮食产量的增幅。从明代中期到19世纪，中国的人口增长超过1倍，而同期在精耕细作、最为发达的江南，粮食每亩产量的提升可能也不到50%。根据何炳棣等人的研究，到了18世纪最后25年，中国士绅已经震惊于平民生活水准的明显下降。人地矛盾的长期积累与宣泄，最终以太平天国运动等形式爆发。这轮战乱地理上席卷中国人口最稠密的地区，时间上又恰逢中国"亡天下"式的痛苦转型，共同导致人口规模"大落"，显得尤为惨烈。

由于历次人口"大落"对"大起"的抵消，从西汉至19世纪中叶，中国的历史人口年均增长率只有约1‰。与马尔萨斯所言人口在毫无束缚的情况下25年可翻一倍的论断相比，这无疑是相当缓慢的增长率。其兴也勃焉，其亡也忽焉，十年"盛世"与百年"太平"人口增长的积累，可以在短期内以极其惨烈的方式毁于一旦。梁启超对此不无偏激地评论，"泰西（泛指西方）历史为进化，我国历史为循环，岂必论他事，仅户口一事而已然矣。"跳出这一历史周期律，最终要靠中国共产党的领导。

封建王朝如何增加人口

宋代学者叶适曾有言，"为国之要，在于得民，民多，则田垦而税增，役众而兵强"。人口是税源、兵源、粮源，是生死攸关的国之大者，对国家安全有直接的影响。因此，历代统治者多以增加人口为己任，为此想了很多办法。

春秋时期，各诸侯国已发展出相当系统的鼓励生育办法。

《管子》记载，管仲治理齐国时，用免除劳役、给予保姆和口粮的方式鼓励生育，"有三幼者，无妇征；四幼者，尽家无征；五幼又予之葆，受二人之食"。《国语》中的《越语》一卷中记录了越王勾践卧薪尝胆期间，为了迅速增加人口并向吴国复仇，"令壮者无取老妇，令老者无取壮妻。女子十七不嫁，其父母有罪；丈夫二十不娶，其父母有罪。将免者以告，公令医守之。生丈夫，二壶酒，一犬；生女子，二壶酒，一豚。生三人，公与之母；生二人，公与之饩"。其中，除了禁止年龄差距过大的男女结婚、惩罚子女没有尽早结婚的父母外，大部分都是鼓励性的政策，包括生孩子的时候有公派的医护人员协助、生儿生女都奖励酒和牲畜、生育超过一个孩子便由公家提供食物或乳母。类似的政策起到了增加人口和凝聚人心的作用，帮助勾践实现了灭吴夙愿。战国时代，商鞅执政秦国时，也推行"徕民"政策，利用秦国地广民少和相邻三晋地狭民众的情势，大力吸引韩、魏等国民众前来秦国垦荒，提供田宅和免租免役等优惠政策。通过吸引经济移民，以及在后续的兼并战争中直接以军事手段掠夺人口，秦国得以补充急需的人力，灭亡六国，统一天下。

王朝初定和战乱频繁时期，统治者增加人口的心情尤为迫切，采取的措施会更加强力。西汉初年，汉高祖刘邦曾下令"民产子，复勿事二岁"，即产子者可以暂免劳役和兵役，而他的儿子汉惠帝曾下令"女子年十五以上至三十不嫁，五算"，照常人五倍的标准征收算赋（一种人头税），惩罚堪称严厉。汉代统治者也将人口数量作为官员考核的重要标准。西汉时，南阳太守召信臣由于任内兴修水利、致力农耕，实现人口倍增，获得朝廷的赏赐和提拔。召信臣因此被百姓尊称为"召父"，与东汉南阳太守杜诗并称"召父杜母"。这就是优秀地方官被称为"父母官"的由来。到了东汉初年，朝廷曾规定妇女生子可以免除徭役和3年人头税，后来又在此基础上向孕妇提供三斛粮食，并免除孕妇丈夫的徭役和3年人头税，借此鼓励生育。

　　东汉末年人口剧减。连天战火中，魏、蜀、吴三国鼓励生育已嫌不及，直接通过战争掠夺人口成为各方的基本操作。吴国前后对居于山区和边境的山越人进行了30多年战争，令后者"强者为兵，羸者补户"，补充兵源和劳作人口。曹魏实施抢夺边民的政策，多次深入吴、蜀控制地抢人。如果判断边境地区不稳，有时会提前将居民迁走，宁可失地，不可失人。南朝裴松之注《三国志》时提到，曹操在今安徽一带与吴国作战时，见孙权"军伍整肃"，发出了"生子当如孙仲谋"的感慨，决定将当地居民集体迁往北方，避免被孙权掠走，不料适得其反，"民转相惊，自庐江、九江、蕲春、广陵户十余万皆东渡江"。蜀国在三国中人口最少，除了刚柔并济、用"七擒孟获"的方式吸引少数民族来附外，历次北伐和西征不利之际，也要"拔"或者"迁"当地人口。《三国演义》中记载刘备在艰难逃亡时也不忘百姓、扶老携幼，其动机并不仅是"仁政"，也有尽可能控制至关重要的人口的意图。

西晋时期，晋武帝曾规定若女子年满十七岁还未嫁人，就由官府直接指定对象。南北朝时的北齐后主曾下令将"杂户"（服务于官府的杂役，多出身俘虏和罪犯等）中十四岁到二十岁的未嫁女子直接配婚，父母如果反抗或藏匿女儿就要被处死。北周曾将男女的法定婚龄降到十五岁和十三岁，这是中国历史上法定适婚年龄的最低纪录，比《周礼》中的"男三十而娶，女二十而嫁"大幅提前。值得一提的是，提倡早婚并非是在战乱或王朝建立初期所独有的。唐玄宗开元年间和宋仁宗天圣年间，朝廷都曾将法定结婚年龄定为男十五岁、女十三岁。杨坚建立隋朝后，推迟百姓服徭役的年龄和减少每年服役的时间，宣布有子五人以上的家庭就可以全部免除兵役，在利用赋役政策增加人口数量上狠下功夫。

唐朝在鼓励生育方面采取创新做法，将"说媒"的成效作为地方官员的考核标准。贞观元年颁布的《令有司劝勉民间嫁娶诏》中，明确规定县令以下官员必须操持二十岁以上男子和十五岁以上女子的婚配，督促鳏夫再娶和寡妇改嫁（除非双方年龄过大、寡妇有子女或坚持守节）。如果官员治下百姓都能及时结婚，鳏寡的人数少，那么地方官员就可以得到奖赏；而如果"劝导乖方"，导致百姓"失于配偶"，就要遭到处罚。这种将推动鳏夫寡妇再婚作为地方官职责的做法在历史上是比较罕见的。唐朝的另一个做法就是收抚流出人口和吸引别国人口来归。通过交涉、换俘和用金钱赎买的方式，唐朝统治者得以将大量此前被突厥、高丽等周边政权俘虏或掳掠出境的居民接回安置。同期，唐朝对别国前来归降的军民给予妥善安置，并采取赋役从轻等优待政策，吸引突厥等地大批军民降唐。贞观三年，唐朝户部奏言："中国人自塞外来归及突厥前后内附，开四夷为州县者，男女一百二十余万口。"此后直到开元年间，唐朝凭借其强大的经济文化吸引力和恩威并施的政策，接受回归的和来附的人口超过200万人，已占总人口一定的比重。

宋朝之后的朝代多数延续前代增加人口的做法，并依据时势予以改进，其中较突出的是设法减少杀婴和弃婴。宋代南方一些地区流行"不举子"，生了孩子并不养育，而是溺死或者丢弃。苏轼曾记载湖南湖北"田野小人，例只养二男一女，过此辄杀之""贫者生子多不举"，且杀婴往往不分男女，"男多则杀其男，女多则杀其女"。士大夫对杀婴痛心疾首，斥之为"伤天理之和，灭人伦之大"，朝廷也多次设法禁止。北宋律例规定，杀婴者判处两年徒刑。南宋初年，宋高宗下诏"禁贫民不举子，有不能育者，给钱养之"，并规定领取生育补贴的标准是"乡村五等、坊郭七等以下贫乏之家"可以"每人支免役宽剩钱四千"，希望以物质奖励来限制杀婴和弃婴；地方也通过设立慈幼局、举子仓和举子田等收养弃婴，资助贫民养子。元代以后，溺杀女婴情况日益普遍，法律对此做出专门规定："诸生女溺死者，没其家财之半以劳军"，如果告发者是奴婢，就可奖励进入良籍，而"有司失举者罪之"。明代重男轻女观念滋长，嫁妆务求丰厚之风盛行，溺杀女婴的现象更加突出。最高统治者也不得不设法遏制这种风气。明宪宗曾要求地方官员遏制奢侈嫁妆、对溺杀女婴者充军远方，并要求邻里积极告发。类似的禁令被孝宗、世宗一再重申。到了清代，官方鼓励多产多育，地方志中多有给多生育者奖励的记载。

总体上宋代以后，朝廷在设法增加人口方面似乎已没有前代积极。这与杀婴现象屡禁不止、人口似乎已成为负担在时间上重合。宋代以后，程朱理学兴起，开始反对妇女改嫁，明清就此愈演愈烈，极力提倡寡妇守节、大建贞节牌坊，与唐朝鼓励寡妇改嫁的做法迥然有别，事实上已经在限制人口增长。

人口增加政策的局限性

由于缺乏史料或者存在争议性的解读，我们可能难以对上述增加人口政策的效果进行全面和系统的评价。从已经掌握的情况看，这些政策的整体效果可能并不突出。

部分人口增加政策需要对人口有细致和全面的了解，但该前提经常无法得到满足。奖励多生要了解家庭子女的数量，鼓励早婚和惩罚晚婚要知晓人丁的具体年龄，这有赖于高水平的人口调查。汉代官吏实施"案比"，要求百姓前去府衙与户籍记录进行比对。《后汉书》中提到，东汉初年朝廷在今山东一带搞人口调查时，有个叫江革的人因为担忧母亲年迈、坐畜力车颠簸难受，自己拉车送母亲去县里接受"案比"，因而赢得了"江巨孝"（江大孝子）的美名，这从侧面反映出当时人口调查的全面和深入，连行动不便的老妇人都要覆盖。隋唐时期采取"团貌"的方式，将人口集中到一处由官吏进行"貌定"，从而确定人口的年龄与相应的赋役。明朝初期，朱元璋甫一建政就发过一道"白话圣旨"，说"我这大军如今不出征了，都教去各州县里，下着绕地里共点户比勘合。比着的便是好百姓，比不着的便拿来做军，比到期间有司官吏隐蔽了的，将那有司官吏处斩……"，由军队深入地方，清查人口和财产。洪武十四年，朱元璋还下令每十年进行一次户口调查，将人口和财产的数据制成"黄册"，层层汇集至中央，郑重藏于南京玄武湖的岛上。

  在交通和科技不发达的古代，详尽的人口调查必然劳民伤财，在国家强大、吏治清明时还能维系，时间一久就开始打折扣、搞变通。唐宋以降，人口调查的重点开始集中于承担赋税和劳役的成年和壮年男性——"丁"，宋代更是出现中国人口史上的一大谜团——史料显示每户人口平均只有1口至3口，估计是遗漏大量妇孺老幼所致。随着宋代开始实行免役钱，出钱免除劳役而非实际服役开始流行，"丁"也逐渐从人口单位变成纳税单位。明清史料中的"丁"，有时小数点后可达七位，显示其已经从人口单位变成了赋税单位。此时，赋税的重心转向了"不动"和好调查的土地，与"流动"且不好调查的人口开始脱钩。当人口与劳役、赋税都逐渐脱离关系时，朝廷对人口调查就日益漫不经心。明代中叶后，黄册制度开始崩坏，按照其登记的数字，全国户数和人口数长期不增长乃至倒退，成为中国人口史上的另一大谜案。官员编撰黄册时开始照抄旧册、涂抹编造甚至直接杜撰。清朝顺治年间的户部尚书孙廷铨发现，明末一些府县在编纂或者说编造崇祯十五年（1642年）的黄册时，居然原样照抄200多年前洪武年间的数字，并顺手将十年后"崇祯二十四年"的数字提前写好。万万没想到，崇祯十七年皇帝便在煤山自缢。清朝在接管明朝历代留下的170万本黄册后，很快发现其质量低劣，根本无法作为档案材料加以参考。人口数量是王朝兴衰的晴雨表，而人口调查的质量则是王朝控制力的风向标。脱离了对人口实际情况的掌控，增加人口数量的政策就失去了重要依据。

　　人口增加政策无法影响朝廷知晓和控制范围外的人口，特别是那些由权贵、豪强和地方官吏隐匿的人口。朝廷想把所有人都调查清楚和控制起来，权贵则想把人口尽可能藏匿起来，让他们只为自己服务。东汉末年的豪强"奴婢千群，徒附万计"，大量人口生活在豪强带有碉堡、望楼的田庄中，脱离了中央政权的控制。这种现象后世继续存在。魏晋南北朝时，豪强荫庇农户，"百室合户，千丁共籍"。东晋一度实行"度田税米"，按亩收取粮食作为田租，但由于占田多的豪强反对，税米收不上，后来只能"除度田收租之制，王公以下口税三斛"，再次按人口而非田亩收税，将财政负担再度从豪强向平民转移。唐朝的军阀、明代的宗室均控制了大量人口，中央政权无法从这些人口收取税赋，就只能加紧盘剥人数有限的平民。平民不堪重负，以逃亡、遁入空门等方式逃避税赋，最终越来越重的税赋压在越来越少的人头上，引发恶性循环。除权贵外，地方官吏和里长、保甲等普遍参与隐匿人口。地方官员借此可以侵吞税赋，中饱私囊，同时需要上交的赋役也因隐匿人口而减少，更容易保证政绩。基层的里长、保甲会替出得起贿赂的富户隐匿人口和田地，造成"无田无地，赤手穷民，则见丁当丁，而田连阡陌之家，粮册在手，公然脱漏，浸淫成习"。历史上的中央政权多次设法清查人口和土地，东汉开国皇帝刘秀曾推动"度田"，牵扯利益之大一度引发豪强反叛，后来刘秀不得不通过杀了一批权贵进行弹压。南北朝和隋唐时期，朝廷多次采取突击"括户"或"大索貌阅"，但这种运动式的清查只能取得短期的效果。封建统治者终究需要依赖权贵和官吏来治国，只能点到为止。

此外，增加人口的政策经常受到不利政策的影响。对封建统治者而言，人口不是目的，而是获得钱粮兵的手段。增加人口能使更多人当兵纳粮，但见效慢，不如直接加大现有人口的赋役来得直接，这又会使老百姓权衡利弊后放弃养育下一代。西汉有众多设法增加人口的政策，但《汉书·禹贡传》记载，汉武帝"征伐四夷，重赋于民"，将原本七岁至十四岁人口要交的人头税从20钱提升到23钱，而且将起征年岁从七岁提前到三岁，引发"故民重困，至于生子辄杀"的悲剧。后世史学家评价汉武帝时，曾有"有亡秦之失而免亡秦之祸"之叹。汉末因"国用不足"，将人头税改为从一岁就征收，结果"民多不举子"。类似情况后世一再重演。宋代国家经济重心已移至南方，国家财政"皆仰东南"。东南地区赋税沉重，杀婴现象尤为突出。宋高宗一面承认"民为身丁钱，至生子不举"，一面只愿提供有限物质支持而回避"身丁钱"这一核心问题，事实上没有有效遏制杀婴的风气。

理论上能鼓励人口增加的赋税改革，实际效果也未必尽如人意。康熙年间，皇帝因国库充盈，决定实施盛世滋丁、永不加赋政策，人头税只收到康熙五十年（1711年），之后无论增加多少人口都不再征税。新生人口不再征税，而死亡人口的税收难以填补，到雍正朝时，就将应征人头税的额度分摊在土地税内，按亩数合并征收，实施摊丁入亩。这对于户籍人口数量的增加起到了魔术般的效果。乾隆十五年（1750年）根据官方统计数据，全国人口居然比康熙年间增长了十余倍。这种惊人的增长幅度，固然来自百姓生育意愿提升，但更可能是不用再交人头税后，户口隐匿现象大为减少的结果。雍正之后，人头税并没有取消，只是摊入田亩，朝廷的出发点不是"减税"而是"并税"，是方便征收而非切实降低百姓负担。中国封建王朝长期存在"明税轻，暗税重，横征杂派无底洞"的现象，导致任何一次赋税改革，最后都会因为法外之征而造成百姓实际赋税负担加重，后人称其为"黄宗羲定律"。减税落实不下去，借此鼓励人口增加便无从谈起。此外，有研究者利用定量方法测算，发现在王朝建立初期，无论赋税额度是高是低，赋税结构是重人头还是重田亩，人丁兴旺的"盛世"都会如约而至。典型的例子是清初"轻徭薄赋"基本是自我标榜，没有实际执行，而康熙年间事实上赋税负担沉重，但人口仍会实现高速增长。战乱与灾荒后的补偿性生育高潮中，人口增长可谓"时来天地皆同力"，鼓励性政策的作用可能并非主要因素。

历史上的有组织移民

秦汉以后，历代封建王朝不愿见"流民"逃避赋税、"流寇"威胁政权，普遍设法限制乃至禁止百姓的自由流动，试图将人口固定在本地。只有出现大规模战乱或灾害，统治接近崩溃时，大

第二章

规模的人口自由流动才会出现，典型如西晋永嘉之乱、唐代安史之乱和宋朝靖康之耻后，大批人口为避战火，向南迁移。出于从军事、政治和经济上维护统治的考虑，朝廷有时会鼓励或组织大规模移民。以移民流入的地区划分，这种移民主要分为往首都、往边境和往人少地多之地迁移这三类。

强干弱枝型移民是强制性地把地方精英迁移到首都，以之削弱地方，巩固中央。秦、汉、唐、明等朝代均采取过这一策略，其中以西汉最为突出。西汉建都长安，临近北部边陲，匈奴铁骑一日一夜便能到达，成为初生政权头顶的悬剑，而六国贵族在秦末战争中展现了巨大号召力，同样令统治者寝食难安。西汉应对这两大威胁的关键一招就是移民，朝廷强制将十余万关东（指函谷关以东）贵族和富人迁入长安及其周边的陵县（皇帝生前修墓时划出周围地区设县，自汉高祖到汉宣帝共有七处），但赏赐给他们丰厚的土地和住宅，以丰富物质激励协助他们安居乐业。从政权安全的角度看，此举起到了一箭三雕的作用。首先，移民使豪强与地方的联系被削弱，割据与造反的可能性大降。例如，世居齐国的大贵族田氏定居后由于人数众多，有一支干脆以居住地的编号为姓氏，改姓"第五"，是今日姓"第五"的西安人祖先，但田氏不会再现汉初田横因不愿降服刘邦而自杀，引发五百门客追随的号召力。其次，这些移民本身文化程度较高，迁入时又带来大量家财，可以迅速带动长安及其周边地区的开发。而且，随着人口的增加，京畿重地的军事防御力量得到增强，减轻了匈奴和地方的威胁。最后，巩固了首都相对地方的优势地位。汉武帝时，长安和关中已成为天下最繁荣、最显赫的地区，其户籍成为身份和地位的象征，地方精英趋之若鹜。东汉人应劭注《汉书》时提到，汉武帝时楼船将军杨仆因"耻为关外民"，上书汉武帝，提出自费将函谷关往东迁移三百里，本就有意扩充京畿的汉武帝欣然同意。此时，中央对地方的优势已经从政治、军事、经济而上升至心理层面。汉承秦制，借助郡县制等制度安排，执行强化中央、控制地方的方略，为中国的大一统奠定了基础。强干弱枝型的移民，便是汉代加强中央集权的一步好棋。

当然，这种移民策略并非没有副作用。政治上，中央缺乏制衡力量，外戚等势力能"挟天子以令诸侯"。经济上，随着关中人口增多，粮食等物资短缺的问题开始出现，对来自关东的漕运依赖日益严重。到了唐代，或是因为关中人口饱和，未能再大规模向长安移民。唐朝皇帝因长安周边粮食供应不足，当漕运不畅时便只能率领后妃与官员去东都洛阳"就食"。移民策略与其他政策一样，只有在政治、军事与经济上实现平衡，才能取得持久和良好的效果。

实边型移民顾名思义，是指为了巩固边陲和加强边防，由内地向边疆移民。这些移民平时屯垦，积累军粮，战时为兵，迅速迎战，兵民一体，是帝国边境的重要屏障。秦始皇北击匈奴后，

第二章

分两次将数十万人口迁入河套地区,借此长期经略西北。西汉向西北的移民规模更大,相关政策也更系统。朝廷会根据军事需要和自然条件选择移民目的地,再给予移民田宅、土地、衣食和实行"先募罪人免其刑,再募奴婢复其身,后募平民赐其爵"等激励措施,由精干官吏组织移民前往定居,并按照准军事的方式进行严密组织。汉武帝时期,至少组织四次向西北移民,最大规模的一次还带有救灾目的,将因黄河泛滥而流离失所的70余万灾民安置到西北地区,由朝廷派员护送,所有衣食补给完全由国家包干。随着移民的涌入,西汉陆续设立敦煌、酒泉、张掖、武威、金城等河西五郡。至西汉末期,五郡人口已近百万,大大改变了当地面貌,促进了河西走廊的开发。同时,移民实边阻遏了匈奴南犯,对确保丝绸之路畅通、巩固中央对西域的影响方面发挥了重要作用,实现了较好的军事、外交和经济收益。但这一政策同样有其局限性。大规模和长距离运送、安置移民耗资不菲,造成西汉一度国库空虚,汉武帝后未再大规模向西北移民。由于西北整体生活条件始终不及内地,一旦中央王朝虚弱、守卫力量不足和激励性政策退坡,移民可能回流或回迁,留在当地的也可能出现离心倾向。对汉代北部边境移民墓葬的考古发现,绝大多数墓葬的形制到西汉中晚期都与中原无异,但东汉中期之后却出现较大差异,折射出中央影响力的走弱。

  清朝则因拒绝移民实边而付出了代价。清朝兴起之际,大量满人"从龙"入关，导致东北人口进一步减少。顺治帝为此专门颁布《辽东招民开垦令》，对能招募关内民众去东北开荒者按人数授予官职，民众也给予口粮、土地、种子和耕牛等，一度使奉天七年内人口便增加为原来的三倍。但康熙却废除了这一诏令，转而修建边墙，限制关内人口外迁，实施日益严厉的封禁政策。正是由于前往东北触犯法律，才会有"闯"关东一说。同期，清朝统治者鼓励关内旗人迁回"龙兴之地"，练习骑射，"返其初风"。系列政策背后考虑：一是防止汉人"占据"东北；二是将东北作为满洲和八旗战略后方；三是从地缘上威慑中原和牵制蒙古。但由于八旗子弟回流者少，汉人迁入又受到限制，东北在清初的人口增长势头被打破，使大片沃野长期处于无人状态。古代国家与当代国家的差别之一就是缺乏精确和法定的"边界"，只有大致的"边陲"，定居的居民多，就是"有民斯有土"，定居的居民少，则会给外部势力的蚕食和入侵留下可乘之机。直到清末，朝廷才试图亡羊补牢，放开对东北移民的限制。山东、河北等地农民纷至沓来，至1911年，东北人口60年内增加6倍以上，达到1841万人，一跃成为全国重要的农业产区。总之，清廷闭关锁国、重内轻外，不搞移民实边，大搞封禁虚边，导致边境地带有边无防、有土无民渐成常态，成为19世纪后丧失大片领土的原因之一。

  第三类移民是移狭就宽，将人口从人多地少的"狭乡"迁

第二章

往地广人稀的"宽乡",人为实现资源和人口的再平衡,促进农业生产,巩固国之根本。早在唐代,朝廷便开始实施类似政策。明、清鼎革之际人地矛盾较为突出,各地受战乱冲击程度又有差异,统治者在移狭就宽上尤为积极。明朝最著名的案例是明初的山西大槐树移民。元末战乱和明初"靖难之役"中,河北、山东等地深受其害,部分地区田地荒芜、居民稀少,而山西因有地理屏障,损失相对较轻,人口密度明显高于周边省份,成为朝廷心目中理想的人口输出地。从洪武到永乐年间,朝廷将晋中、晋南百姓大规模迁移至河北、河南、山东、安徽等省份。有地方志记载,朝廷将移民机构设置在山西洪洞县的一棵大槐树附近,大量移民办完手续后从此出发,使"洪洞大槐树"成为移民对家乡集体记忆的标志。"问我祖先何处来,山西洪洞大槐树"的民谣如今仍在北方地区广泛流传,从侧面反映出本次移民的规模之大、影响之深远。多数大槐树移民并非自愿,而是受到政府强力驱动,但由于移民能在迁入地获得更多土地、提高生活水平,逐渐接受了他乡是吾乡,安心发展生产,从而对促进北方整体农业恢复与发展做出了重要贡献,并获得了后人纪念。2018年,山西"洪洞大槐树寻根祭祖园"获评5A级景区,其品牌便是"根祖圣地,华人老家"。

清初达到高潮的"湖广填四川"是另一场史诗级的移民。明末清初的动乱中,农民起义军、清朝、南明等军队在四川反复拉锯，客观上造成了"屠蜀"的结果。顺治十八年清朝平定全川后，四川人口从明末的385万降低到只有1.8万"丁"（纳税单位），总人口大约不到50万人，以至于当时的地方志中留下众多虎多人少、初来移民为虎所食或者虎口逃生的记录。之后，在朝廷鼓励下，各地移民开始逐渐流入四川，至康熙二十年平定三藩之乱后逐渐达到高潮。此时，四川形势安定，且朝廷为移民入川提供了优厚条件。官吏召民入川达到一定数量可以升官，移民入川可以入籍并参加科举、所开垦的田地永为己业、一户给水田三十亩或旱地五十亩和白银十二两等，吸引了湖广（今湖南与湖北两省）、江西、广东、福建、陕西、甘肃、贵州等省的移民。其中，由于本土人地矛盾尖锐、地理邻近和长江水路交通等因素，从湖广以及经湖广流入四川者人数最多，于是有了"湖广填四川"的说法。移民的大量涌入，使清朝自雍正开始就不得不对移民入川做出限制。道光末年，四川已成为全国人口第一大省。在湖广人向西迁入四川前后，江西人也向西迁入湖广，又称"江西填湖广"。经过清朝前期自东向西的大移民，长江中下游的人口分布更趋均衡合理，两湖和四川得到了重要的人力资源，逐渐成为全国重要的商品粮基地，缓解了其他地区的粮食供应不足问题。

至此，我们或可就人口与王朝兴衰得出若干结论性的认识。第一，中国历史人口数量"大起"时的增幅远没有大落时的降幅剧烈，数百年间增长时段积累的人口，可能会在几十年内就因战乱、灾荒、瘟疫等毁于一旦，人口增长速度长期来看较为缓慢，反映出"其兴也勃焉，其亡也忽焉"的历史周期律。清代人口因内部动乱的剧烈下降，还可能受到"马尔萨斯陷阱"的影响。人口的增减直接反映出国家安全是得以维护还是遭遇破坏，增减的规模和速率则折射出维护或破坏的程度。第二，中国古代的统治者普遍将人口增减与王朝兴衰直接挂钩，从维护国家与政权安全的角度，千方百计增加人口，既为生育提供物质奖励，又惩罚晚婚晚生和溺婴杀婴；有时设法吸引与招徕移民，有时甚至直接掠夺人口；将人口作为考评地方官政绩的重要指标等。从时间上看，王朝初建之际以及宋代以前增加人口的政策比之后更多样、更积极。第三，古代人口增加政策的实际效果存疑，因为王朝的政治如果不够清明，就难以保持进行详尽人口调查所需的控制力；统治者难以阻止隐匿人口，因为隐匿人口的多是权贵和胥吏，他们恰恰是王朝统治需要倚重的对象；封建王朝的赋税和劳役政策对人口增长产生了明显抑制，鼓励生育的政策可能被轻易抵消。诸多的增加人口政策中，符合经济规律的未必成功，但不符合的一般会失败。人口增加政策效果不佳，源自封建王朝本身及其维护国家安全能力上的结构性缺陷。第四，古代强干弱枝、移民实边等人口迁移政策，战略指向均较为明确，如果能精细组织，统筹政治、军事和经济上的损益，就能在促进王朝兴盛和维护国家安全上取得良好效果。

参 考 文 献

1. 安介生:《历史时期中国人口迁移若干规律的探讨》,《地理研究》2004年第5期。
2. 曹树基、陈意新:《马尔萨斯理论和清代以来的中国人口——评美国学者近年来的相关研究》,《历史研究》2002年第1期。
3. 戴逸:《近代中国人口的增长和迁徙》,《清史研究》1996年第1期。
4. 豆建春、冯涛:《税制变革、人口增长及其对中国历史演进的长期影响——基于"两税法"前后的考察》,《财经研究》2016年第1期。
5. 葛剑雄:《中国人口发展史》,四川人民出版社2020年版。
6. 倪玉平:《中国古代的人口增加政策》,《学习时报》2021年9月10日。
7. 苏力:《大国及其疆域的政制构成》,《法学家》2016年第1期。
8. 辛德勇:《汉武帝"广关"与西汉前期地域控制的变迁》,《中国历史地理论丛》2008年第2期。
9. 袁祖亮、延胜:《二十世纪中国历史学回顾·中国古代人口史研究回顾与展望》,《历史研究》1996年第5期。
10. 张国雄:《中国历史上移民的主要流向和分期》,《北京大学学报（哲学社会科学版）》1996年第2期。

第三章 人口规模与经济安全

第三章

人口数量,或人口规模,指一个国家或地区在一定时期内的人口多少,是对人口整体情况最为直观的描述:世界人口约78亿人,预计2050年达到97亿人;中国人口约14亿人,目前是世界人口第一大国;广东省常住人口约1.26亿人,比日本人口总数还多。

人口数量波动与人类社会的发展进程息息相关。远古时代,族群人数足够多,才能抵御凶狠的野兽。农耕时代,人口数量保障农业生产,人力即劳动力,文明古国大多发源于自然环境良好、水源充足、有利于人口繁衍生息的地区,如两河、黄河流域。过去200余年,人口加速膨胀,历经数十万年才在1804年达到10亿人的世界人口,仅在1804—2011年的207年间就突破70亿人大关。

回望过去100年,诸多国家在工业化、城市化、现代化的推动下,完成了从"人口高出生率、高死亡率"

向"人口低出生率、低死亡率"的历史性转变。工业化时代，人口规模越大，产业工人越容易得到补充，劳动力成本就会越低，劳动密集型经济的发展就越快。自18世纪末开始的人口飞速增长，为英国抓住工业化机遇、一举成为"世界工厂"提供了充足的劳动力资源。

全球化时代，人口资源丰富、适龄劳动人口众多的地区，如"亚洲四小龙"，依托劳动力规模优势，形成"人口红利"，率先在国际大分工中承接了劳动密集型制造业的转移，经济加速发展。当前，印度、越南等国仍然凭借适龄劳动人口优势，吸引着外商投资和产业转移，而以日本为代表的部分国家则因为人口数量连续多年负增长，适龄劳动人口数量迅速减少，社会总需求不振，经济发展迟滞，经济安全受到冲击。

随着生育率下降的冲击波从发达国家扩散至发展中国家，主要经济体对人口数量的关注已从担忧"人口爆

第三章

炸"转向预警人口负增长。各国认识到保持合适的人口规模对一个国家促进经济发展、强化经济实力、保障经济安全的重要性,开始越来越多地关注人口数量促进经济增长、提升经济实力的机制,力求充分发挥人口数量的优势、应对人口数量下降带来的经济安全风险,探索人口与资源、环境的协同发展。

第三章

超大规模市场引力

在一国经济发展所依赖的各种要素中，人口资源意义重大。人口数量与经济增长的关系，一向是经济学中的热门议题，也是经济安全的重要领域。

18世纪兴起的第一次工业革命，使英国经济飞速发展，但也导致农民失去土地、手工业者破产，同时代的有识之士纷纷对社会贫困问题发表看法。1798年，英国经济学家马尔萨斯（1766—1834年）发表的初版《人口原理》指出：随着生产力提高，劳动者生活改善、食物增加，会刺激他们生育更多的孩子。生活资料的增长赶不上人口数量的增加，令社会陷入贫困；应该让贫困阶层放弃结婚，从而控制人口增长，解决贫困问题。但马尔萨斯没有想到的是，飞速发展的工业革命使劳动生产率大幅提高，一举突破了传统技术水平下人口增长对经济发展的桎梏。

19世纪80年代，欧洲的生育率下降让经济学家产生了人口减少的危机感，于是开始呼吁关注人口在经济发展中的重要作用。英国经济学家坎南（1861—1935年）提出，人口过剩和人口不足都会对人类社会产生消极影响，只有适度的人口规模才能促使社会整体收益最大化。同时期的瑞典人口学家威克赛尔（1851—1926年）指出，人口规模要与本国工农业生产能力相适应。英国经济学家凯恩斯（1883—1946年）认为，人口决定经济规模，人口少，有效需求不足，经济增长停滞。

20世纪下半叶，随着二战后诸多发展中国家相继独立，世界范围内形成了人口增长高峰。在20世纪50—70年代，发达国家的失业问题和发展中国家的贫困问题，再次催生了与马尔萨斯一脉相承的"人口悲观论"——认为人口增长，特别是第三世界的人口增长，会导致全球资源枯竭、环境恶化，甚至"世界末日"。其时，《人口爆炸》《增长的极限》等著作纷纷问世。美国经济学家莱宾斯坦（1922—1994年）等提出，发展中国家的人口增长会阻碍其经济发展。

20世纪60年代，特别是20世纪70年代后，发达国家人口增长减缓，"人口悲观论"得到一定程度修正。以法国学者索维（1898—1990年）为代表的一批人口学家呼吁维持适度的人口规模，并关注人口增长下降所带来的经济后果，指出人口规模需要与一个国家经济、科技等方面的因素相互作用，才能发挥最大动能。20世纪80年代末，美国国家科学院专家团队发布《人口增长与经济发展——对若干政策问题的思考》报告提出，人口增长既有积极影响又有消极影响，对于发展中国家来说，人口增长会放大其本就存在的基础性问题，降低人口增速，反而有利于其经济发展。而以美国管理学教授朱利安·西蒙（1932—1998年）为代表的学者们则持乐观态度，认为人口增加会刺激科技进步，促进经济增长；人口下降，则会导致需求不足，限制经济增长。

20世纪90年代后，关于人口数量对经济发展的争论逐步形成了一定共识：在经济资源相对充裕的条件下，人口增长有利于经济发展；而在经济资源短缺时，人口增长极有可能不利于经济发展。短期看，人口减少，经济仍可增长，人均产出增加；而长期看，人口减少，消费规模下降，劳动力供给不足，或将最终抑制经济增长。

当前，世界人口增长趋缓，再次敲响了人口规模下降危及经济增长的警报。联合国数据显示，全球范围内，生育率整体呈下降趋势。1950—1965年，全球每名妇女平均约生育5个孩子；2015—2020年，平均生育不到2.5个孩子；2021年，全球有一半人口生活在妇女平均生育不足2.1个孩子的国家中；不同收入群体、不同地区均出现总和生育率下降或低位持续的情况。2021年，中国总人口增加了48万，美国总人口增加了39万，增长放缓。联合国人口基金会预计，到2050年，世界上55个国家或地区的人口将会减少，其中26个国家或地区的人口减少10%以上。

2020年7月，华盛顿大学健康指标与评估研究所预测，"全球人口即将在2065年迎来负增长"（与联合国预测全球人口在21世纪保持增长的观点相悖）。人口负增长危机来袭下，更应该关注如何提升人口对经济增长的拉动作用，以求减缓人口下降对经济发展的不利影响，防范人口数量大幅减少冲击经济安全。

人口规模是劳动力规模的保障，而劳动力是经济增长的决定性因素。根据哈佛大学教授布鲁姆等人的研究，充足的劳动力供给形成了人口红利，对东亚经济增长的贡献率高达25%—33%。较大的人口规模催生较高的消费需求，进而形成大规模市场。人均收入、消费习惯类似的国家，人口数量越多，市场容量越大。人口规模庞大的经济体，如二战后的美国、改革开放后的中国、拥有13亿人口且人均GDP与印度旗鼓相当的非洲，无一不是全球企业的目标市场。

充足的劳动力和超大规模市场，可以促进大规模生产和精细化分工，形成规模经济。早在20世纪初，美国的福特汽车公司就开发形成了全球第一条汽车生产流水线，为汽车工业带来了"规模化"效应。福特将汽车装配分为84个不同步骤，并分别由专人负责，使汽车装配时间从12小时缩短至1.5小时，大幅提高了生产效率，明显降低了汽车生产成本，福特T型车走进了千家万户。规模庞大的美国人口为汽车工业规模经济的形成提供了保障，既为汽车流水线生产提供了充足的劳动力，又为汽车销售提供了需求庞大的本土市场。

20世纪70年代后，在美国崛起的微软、苹果、亚马逊、谷歌等科技巨头，纷纷通过庞大的本土用户群体，积累了初始用户、打响了品牌,并以此为跳板,抢占国际市场。人口规模越大,一个国家市场所能承载的企业越多,同类型企业集聚进一步形成本土优势产业,不仅有助于降低运输、采购、生产成本,还可以吸引更多资金流入。随着优势产业规模扩大、社会分工深化,产业链将进一步延长,在充足的、多元化的劳动力支持下,逐渐形成涵盖上下游产业的、更趋完整的产业体系。

庞大的人口规模还蕴藏着巨大的市场潜力。随着一个国家经济发展水平提高、居民收入水平增长,巨大的国内市场潜力必然被逐步释放,消费需求规模会进一步提高,从而形成不断自我强化的规模经济效应。

当前,第四次工业革命如火如荼,数字化、智能化转型加快,信息技术与数字经济发展成为各国经济发展的重要增长点。数字技术革命引发了生产要素的变迁,数据成为新的"关键生产要素"。人口规模越大,由人的活动所产生的数据总量越多,对数字经济发展的支撑作用越强。

例如,对于互联网平台企业来说,用户数量越多,平台潜在收益越大,越有可能进一步增强研发投入、丰富平台功能,从而会吸引更多用户、占据更大的市场份额。此外,人口数量越多,数字基础设施利用率越高,基础设施建设、运营、更新的成本就越低。比如,在升级5G网络的过程中,每个通信基站的覆盖半径约为100米—300米,单位面积内人口密度越高,安装5G基站所需的人均成本就越低，就越有可能促进政府做出更新 5G 基础设施的决策。

小国寡民与大国众民

国家实力起伏受到人口数量变化的影响。美国政治学家亨廷顿（1927—2008 年）在《文明的冲突与世界秩序的重建》一书中指出，人口规模是国家文明和实力的最基本要素。1750 年以来，300 年的大国兴衰背后是人口变迁：大国兴起往往以人口增长为后盾，大国衰落往往也有人口衰减的影子；人口数量扩张民族会挤占人口数量缩减民族的生存空间，乃至出现文明更迭。

17 世纪，荷兰崛起，其东印度公司一度垄断了全球贸易额的一半。18、19 世纪荷兰经济依然繁荣，但由于缺少与经济发展相适应的人口规模（1816 年，荷兰人口仅约 200 万人），在世界舞台上的重要性下降。相反，18、19 世纪人口的快速增长，为英国经济实力的增长提供了支撑。在整个 19 世纪中，英国人口从 1050 万人快速增长至 4150 万人（同时期，法国人口仅增长了 1120 万人）。人口增长、劳动力数量增加，令英国更好地抓住了技术变革带来的生产新局面。人口扩张与工业化、城市化同步共振，使英国一举成为了"世界工厂"。如果没有 19 世纪的人口

第三章

爆炸，英国就不可能在包括澳大利亚在内的广阔地域建立殖民地，更无法形成"日不落帝国"。随着英国人口规模在19世纪末被美国赶超，它也开始逐渐丧失对美国的主导优势。

以人口为分类指标，可以区分"大国"和"小国"。美国经济学家西蒙·库兹涅茨（1901—1985年）在《各国的经济增长》一书中，以人口1000万作为划分"大国""小国"的门槛。美国经济学家霍利斯·钱纳里（1918—1994年）在《发展的格局：1950—1970》一书中，将2000万人作为门槛值。人口也是评估一个国家综合实力的重要子指标。英国政治地理学家缪尔（1838—1914年）在国家权力分类中，特别列出了人口权力。美国政治学家摩根索（1904—1980年）在《国家间政治》一书中，将人口作为评估国家实力的关键要素。关注制海权影响国家实力的海权论奠基人美国军官马汉（1840—1914年），关注内陆国家实力的英国学者麦金德（1861—1947年），均认可人口的重要性。

国家实力包括经济、政治、军事、文化、教育等多个方面。这其中，经济实力是其他实力得以维持的关键，是实现国家繁荣、发展、进步不可或缺的重要组成部分。促进经济可持续增长，是各国发展战略的核心。生于英格兰的历史学家保罗·肯尼迪（1945年—）认为，经济和科技是驱动世界变革的动力，能够对社会结构、政治制度、军事力量，乃至大国地位产生影响。在《大国的兴衰》一书中，他指出，在迈向21世纪时，世界强国所追求的伟业要同时实现三项目的：为国家利益提供军事安全、满足国民经济需求、保持经济持续增长。其中，保持经济增长，是保持国家长期良好发展的重要因素。

经济安全是国家安全的基础。国家经济安全反映了一个国家的经济竞争力，经济抵御外部干扰、危机的能力，经济得以存在并且不断发展的能力。而人口数量关乎国家经济安全的方方面面。

人口数量是国家经济实力的保证和经济竞争力的支撑。17世纪的英国经济学家威廉·配第（1623—1687年）指出，人口增加有利于经济发展，人口众多是国家强盛的标志。18世纪的英国经济学家亚当·斯密（1723—1790年）也认为，衡量任何国家繁荣程度的最明确的尺度都是人口数量的增长，人口不断增长是国家繁荣的象征，而人口总量锐减，尤其是年轻人口不足，会拖累经济发展、削弱国家实力。

人口数量对经济总量、影响力、韧性和创新能力均有重要影响。经济大国多是人口大国。以国际货币基金组织2020年世界各国GDP数据计，在世界经济总量前十的国家中，人口最少的为3800万人，人口总量均在世界200余个国家中排在前四十名以内，人口占世界人口的百分比最低的也接近0.5%。可以说，没有一个经济总量强国是人口小国。

人口数量反映了经济的潜在实力。人口规模越大，一个国家的经济影响力越强，越有可能成为国际规则体系的"构建者"，在国际经济规则博弈中潜在的话语权越强。以国际货币基金组织2020年世界各国人均GDP数据计，卢森堡人均GDP约为美国的两倍，是世界第一，但作为富裕的人口小国，其在国际经济规则制定上难以发挥重要作用，经济影响力较低。瑞士、爱尔兰、挪威、丹麦等国，也有类似情况。美国在发达国家中具有最大的人口规模，人均GDP世界第五、人口总量世界第三，共同形成了强大的经济影响力，在国际规则制定中，享有极高的国际"治事权"。这为美国通过引导国际规则制定、维护经济安全提供了有利条件。

人口大国的经济韧性更强，经济安全更有保障。经济韧性包括四个方面：抵御冲击的能力，在冲击后迅速恢复的能力，在冲击后重整资源、调整适应、平稳发展的能力，在冲击后开辟新增长路径、转型升级的能力。人口大国的产业链和工业体系更为完整、资源配套能力更强，国内市场增长潜力更大，对外依赖更低，自我调节能力更好，经济稳定性更高，更有条件抵御外部冲击。人口大国的经济回旋空间更大，在国际经济和市场形势处于繁荣的时候，可以充分利用规模经济产生的价格优势，占据竞争优势；在国际市场低迷、经济外部冲击不断时，可依靠提振国内需求来拉动经济增长；在面对自身结构性压力时，凭借总供给、总需求规模推动经济转型发展。人口小国则需要更多地依托国际资源和市场，方能实现经济增长，依据经济形势采取不同增长策略的空间更小、主动权不多。

当前，世界面临百年未有之大变局，疫情之下，全球治理体系改革紧迫性进一步凸显，经济民粹主义、贸易保护主义趋势上升，产业本土化、区域化布局隐现，全球化遭遇逆流，传统国际经济循环明显弱化。经济发展所面临的不稳定性、不确定性明显加强，在这样的环境下，人口大国经济韧性的优势更为凸显，而人口小国维护经济安全的难度进一步加大。

人口数量关乎经济创新，而创新是引领发展的第一动力。从1816年到1913年近100年，德国人口增加了3倍（同期英国、法国人口分别增加了2.3倍、1.3倍）。为了提高粮食产量、满足人口增长的需求，德国研制出化肥，率先在1913年实现了合成氨的工业化生产，大幅提高了粮食产量。同时，德国广泛普及免费义务教育，使其人口资源迅速转化为大规模人力资源，并在19世纪通过第二次工业革命，站在了世界科技发展的前沿。

人口数量还会通过规模经济效应，促进创新：劳动分工会降低生产、研发成本，使企业有更多资源向研发活动倾斜；超大规模市场，会带来激烈的竞争，倒逼企业改良生产方式、研发新产品。人口大国还在发展战略性科技产业等方面存在独有优势。这些产业的发展需要以强大的工业化、信息化能力为支撑，有赖于强大的产业体系。只有人口众多、产业完备、市场规模足够大的国家，才有可能发展这类产业。

第三章

当前，美国高科技产业全球领先，也有人口因素助力。二战后的婴儿潮、超大规模的高等教育和基础教育投入、大量的高素质移民流入，提升了美国的人口和人才优势。波士顿等地形成科研集群、硅谷等地形成科技产业集群、纽约等地形成金融集群，是美国创新实力和社会活力的生动写照。美国卡托研究所研究员丹尼斯·格里斯沃尔德指出，对美国来说，人口众多才能产生巨大的消费市场，刺激创新和经济活动。

党的十八大以来，以习近平同志为核心的党中央强调重视新发展格局，促进经济发展和科技创新。习近平总书记提出，创新是引领发展的第一动力，发展是解决亚洲地区安全问题的"总钥匙"，"顺应大国经济发展规律，切实把扩大内需作为经济发展的根本立足点"，"逐步形成以国内大循环为主体、国内国际双循环相互促进的新发展格局"，"在各种可以预见和难以预见的狂风暴雨、惊涛骇浪中，增强我们的生存力、竞争力、发展力、持续力"。中国人口总数超过14亿，人均GDP突破1.2万美元，是全球最有潜力和活力的消费市场，也具有全球最为完备的产业体系。中国在保持人口规模优势的同时，人才优势也不断显现，成为促进经济发展、保障经济安全、提升综合实力的重要动力，为中国经济长期稳健发展提供了更加坚实基础。

超越增长极限

究竟什么样的人口规模才合适呢？人口究竟增长到什么程度才是极限呢？究竟如何平衡人口安全和经济社会发展呢？

古希腊时期，著名的哲学家柏拉图和亚里士多德就从政治学视角出发，探讨了一个城邦需要多少人口才适于统治的问题。柏拉图（公元前427—前347年）在《理想国》中指出，"不可使人口过多而国家过大，也不可使人口过少而国家过小"。"一个国家5040户居民最为合适，这是与生活资料相适应的人口，能够自给自足，并能使人们相互熟知。"亚里士多德（公元前384—前322年）在《政治学》中说，最完美的国家是维持人口不超过一定的数量。1762年，法国思想家卢梭（1712—1778年）在《社会契约论》中指出，构成国家的是人，而养活人的则是土地，使土地足以供养其居民，而居民恰好是土地所能够养活的那么多，会使一个国家真正伟大。

最早系统提出人口增长受经济发展、资源限制命题的是人口学者马尔萨斯。在1798年出版的《人口原理》一书中，马尔萨斯提出，呈几何级数增长的人口规模，受到呈算数级数增长的食物生产的限制，最终自然界将通过饥饿、疾病、灾荒、战争等制约人口增长。这一观点被称为"马尔萨斯陷阱"。其时，工业革命刚刚起步，各国经济仍以农业为主，缓慢的技术进步所带来的少量增产确实会被人口增长所抵消，人均收入难以提高。不过马尔萨斯没有预见到工业革命即将带来的生产力大幅提高，没有预见到医学进步即将带来的死亡率下降，更无法预料，时至今日，随着经济发展水平提高，人口负增长成为新的风险。

在工业革命推动下，技术变革加速、全球逐渐联通，经济发展从以农业支撑转为以工业和服务业为主，尽管仍然存在土地、能源等方面的限制，但资源约束相较于农耕时代大大缓解。科技进步、经济发展拓宽了人口增长的界限，马尔萨斯所提出的随着人口增长，人均土地减少、人均收入下降的逻辑已经不再适用。

尽管"马尔萨斯陷阱"被突破，但人口增长使经济、社会发展和资源、环境开发面临新压力。1972年，罗马俱乐部发布《增长的极限》报告，通过对影响人类生存与发展的人口增长、工业发展、环境污染、粮食生产和资源消耗这五大因素建立系统动力学模型，分析并预测了从1972年到2100年间，世界经济、环境可能出现的12种情景。该报告指出，地球是有限的，人口和物质需求增长是无止境的，这将导致更高的工业产值和更严重的环境污染，终将把人类文明引向崩溃。

该书预测，如果人类未能认真对待环境与资源方面的问题，则人类文明将在2070年前面临经济、环境、人口的全面失控和崩溃，人均工业产出将在2015年左右出现下降，居民死亡率将在2020年左右出现上升，居民生活水平将在2030年左右倒退至

20世纪初的水平。如今，半个世纪过去了，《增长的极限》所预测的崩溃并未出现，其所提出的"必须使人口和经济在零增长下达到全球均衡"的观点也并不可取。但是报告提醒人们重视人口增长对环境造成压力的思想并不过时。有限的空间、资源、环境所能容纳的任何生物种群的规模都有一定限度。一个国家、地区能够养活的最大人口规模，构成了人口承载力。

通常来讲，人口增长要受到多重因素的限制，具体包括：

土地资源，除支持城市化和工业发展外，也为农业生产提供了宝贵的耕地资源。人口数量增加，对土地资源的需求增大，土地承载的人口压力加大，将直接引发粮食安全问题。2021年，受疫情冲击影响，全球粮食危机加剧，联合国粮农组织粮食价格指数甚至超过2008年水平，当时全球37国因粮食供给不足而引发骚乱。疫情还催生了粮食民族主义，多国因担心国内供应不足，叫停了粮食出口，造成国际粮食市场动荡不安，危及严重依赖粮食进口的贫困国家利益。

淡水资源，是人类赖以生存和发展的最基本资源，对农业和工业生产都有重要作用。人口增长、工农业发展、生活水平提高、城市化推进，都增加了对淡水资源的需求，导致淡水资源供需不平衡加剧。根据《2021年联合国世界水发展报告》，过去100年，全球淡水使用量增长了6倍，当前全球每3人中就有1人无法获得安全饮用水，预计到2025年全球将有35亿人面临缺水问题，到2050年全世界将有57亿人每年至少有1个月遭遇严重缺水问题。在非洲，27个国家淡水拥有量不足；在中东地区，85%以上的人口生活在缺水条件下；在拉丁美洲和加勒比地区，因水资源带来的冲突不断；在亚洲，水质不断恶化，水资源竞争激烈。

矿产资源，随着工业化推进、科技发展，对经济发展起着越来越重要的作用。随着人口数量增长，许多矿产资源的开发和消耗量急剧增加，资源稀缺性越发明显。

气候问题也成为当前人与自然矛盾的突出爆发点。人口激增，城市化、工业化发展，均大量消耗煤、石油、天然气等化石能源，产生二氧化碳等有害气体以及悬浮颗粒物、矿渣、炉渣和粉尘等固体废物，直接污染大气、水和土壤等，加剧全球气候变暖态势。世卫组织估计，2019年全球90%以上人口居住的地区颗粒物浓度超标，每年因暴露于空气污染造成700万人过早死亡。此外，过去十几年，全球贫富差距拉大，富裕国家大多数人奢侈的消费方式也正在加速气候灾难。根据欧洲环境政策研究所等机构的报告，全球在1970—2015年中，约一半的碳排放来自最富有的10%的人口，预计到2050年，顶端最富的1%人口的人均碳排放量将高达全球平均水平的30倍。

总体来看，世界资源、环境所面临的人口增长压力是可控的。一方面，人口增长推动科技进步，提高了资源利用率，使得

有限的资源可以承载更多的人口。另一方面，资源、环境所面临的压力不只是由人口增长造成的。生态环境问题归根结底是发展方式和生活方式的问题。土地资源紧缺，除了受到人口增长的影响外，很大程度上是由落后的农业生产方式、不合理的城市规划造成的。无序开垦土地、过度放牧、低水平耕作、过量使用劣质化肥、片面追求短期收益罔顾土地休耕等，均会危及土地资源安全。粮食民族主义、粮食分配不均和富国浪费粮食一定程度上加剧了粮食安全问题。能源、气候危机，既受到人口数量增长的影响，也受到能源利用率低、工业生产环保意识差、居民生活浪费的影响。与其将人口增长放在资源、环境的对立面，不如辩证、全面地看待人口与资源、环境的关系。保持资源承载力范围内的人口增长，强化资源的科学、合理应用，综合解决资源、环境与人口之间的问题，真正做到人口与经济、社会、科技、资源、环境的平衡发展。

对此，我国提出了坚持人与自然和谐共生，实现世界可持续发展和人的全面发展，平衡推进2030年可持续发展议程的中国方案。习近平总书记指出，"发展经济不能对资源和生态环境竭泽而渔，生态环境保护也不是舍弃经济发展而缘木求鱼"，"面对生态环境挑战，人类是一荣俱荣、一损俱损的命运共同体，没有哪个国家能独善其身"。习近平总书记提出，要坚定不移地贯彻绿色发展理念，把经济活动、人的行为限制在自然资源和生态环境能够承受的限度内，坚决摒弃损害甚至破坏生态环境的增长模式，加快形成节约资源和保护环境的空间格局、产业结构、生产方式、生活方式，平衡推进2030年可持续发展议程。

参 考 文 献

1. ［英］保罗·莫兰著,李果译:《人口浪潮:人口变迁如何塑造现代世界》,中信出版社2019年版。
2. ［美］哈瑞·丹特著,萧潇译:《人口峭壁:2014—2019年,当人口红利终结,经济萧条来临》,中信出版社2014年版。
3. ［日］吉川洋著,殷国梁、陈伊人、王贝贝译:《人口与日本经济》,九州出版社2020年版。
4. ［意］卡洛·M.奇波拉著,黄朝华译:《世界人口经济史》,商务印书馆1993年版。
5. ［英］马尔萨斯著,郭大力译:《人口论》,北京大学出版社2008年版。
6. ［美］德内拉·梅多斯、乔根·兰德斯、丹尼斯·梅多斯著,李涛、王智勇译:《增长的极限》,机械工业出版社2013年版。
7. ［美］"人口增长与经济发展"课题组、国家研究理事会、行为与社会科学和教育委员会、人口委员会编著,于学军译:《人口增长与经济发展——对若干政策问题的思考》,商务印书馆1995年版。
8. ［美］萨缪尔·亨廷顿:《文明的冲突与世界秩序的重建》,新华出版社1998年版。
9. 蔡昉:《中国经济发展的人口视角》,中国社会科学出版社2013年版。
10. 雷家骕:《国家经济安全理论与方法》,经济科学出版社2000年版。

第三章

11　李通屏等：《扩大内需的人口经济学——人口转变、人口政策影响经济增长可持续性研究》，商务印书馆2012年版。

12　李仲生：《世界人口经济史》，清华大学出版社2018年版。

13　梁建章、黄文政著，李君伟译：《人口创新力：大国崛起的机会与陷阱》，机械工业出版社2018年版。

14　欧阳峣等：《大国发展道路：经验和理论》，北京大学出版社2018年版。

15　宋健、巫锡炜主编：《中国人口问题与人口学发展：21世纪初十年的回眸与展望》，社会科学文献出版社2012年版。

16　田雪原：《论"人口后黄金时代"与发展》，社会科学文献出版社2017年版。

17　韦民：《小国与国际关系》，北京大学出版社2014年版。

18　晏月平：《"一带一路"沿线国家人口变动与经济发展》，中国社会科学出版社2020年版。

19　中国现代国际关系研究院经济安全研究中心：《国家经济安全》，时事出版社2005年版。

20　周毅：《人口、资源、环境、经济、社会、科技可持续发展研究》，新华出版社2015年版。

第四章
人口结构与社会安全

第四章

如果把人口问题比作一座房屋，那么人口结构就是它的四梁八柱。人口结构也称人口构成，是指某一国家或地区在一定时期内人口总体内部各类人群的数量比例关系，是依据自然的、社会的、经济的、生理的不同特征把人口划分成的各组成部分所占的比重。它包括人口的自然构成、地域构成和社会构成。其中，人口自然构成中的性别构成、年龄构成以及社会构成中的族裔构成是最基本、最重要的内容。

社会安全既关系到每个社会成员的切身利益，也关系到国家经济发展和社会稳定，是人民安居乐业、社会安定有序、国家长治久安的重要保障。保持合理的人口结构对于维护社会安全具有重要意义。当前，世界各国的人口性别结构总体均衡，同时局部存在不平衡现象；人口年龄结构的老化，即老龄化，正在以不可逆转之势席卷着不同地域、不同发展水平的国家；人口族裔结构及相关的种族、民族问题继续考验着多民族国家维护国家统一、社会稳定和谋求长久发展的能力。

第四章

性别结构与社会稳定

人口性别结构是人口自然构成的一项基本内容，它是指一个国家或地区两性人口数量的比例关系，通常用性别比这个指标加以表示，其含义是平均每100个女性所相应的男性人数。人口性别比是衡量男女两性人口是否均衡的重要标志。在正常情况下，男性在整个生命周期中的死亡率高于女性，人口性别比随年龄的增加而逐渐下降。因此，在大多数国家，女性人数略多于男性人数，总人口性别比应在100左右。影响人口性别比的最重要因素是出生性别比（活产男婴数与女婴数的比值），其正常值为103—107。性别结构关系到人口的繁衍生息，关系到社会的细胞——家庭的稳定，因而是最基本的人口结构，对经济发展和社会安全具有深远影响。

当一个国家或地区的人口性别比偏离正常值时，则被认为人口性别失衡。它主要表现为女性缺失或女性过剩。性别失衡问题不仅是影响国家人口安全和经济可持续发展的重要问题，也是影响国家未来社会稳定的重大战略和安全问题。

女性缺失带来的社会问题主要是婚姻挤压。由于婚配中男性的社会经济地位通常高于女性，因此贫困农村地区的男性婚龄群体作为择偶中的弱势群体，将成为直接受害者。婚姻挤压使婚姻和家庭的不稳定因素增加，家庭暴力可能会增多，随之而来的可能是离婚率的上升。性别失衡还可能导致单身未婚者本身的生理与心理健康、同性之间和异性之间双重的婚配竞争以及色情业泛滥等问题，进而加剧性传播疾病和艾滋病的扩散，从而给社会稳定和公共安全带来潜在的负面影响。

由于重男轻女的观念根深蒂固，亚洲国家的性别比一直偏高。但日本和中国香港的女性多于男性。在韩国，随着工业化和城市化的快速推进，很多家庭规模日趋变小，生育率不断下降。在深厚的儒家传统文化背景下，由于男孩偏好的观念较深，近几十年来韩国的出生性别比偏高，到1990年后才得到有效控制，2020年的出生性别比已降至104.9。

从20世纪80年代以来，印度出生性别比一直处于偏高的状态，尤其在20世纪90年代后期急剧攀升。虽然近年来有下降的趋势，但仍然偏离正常范围。造成该问题的原因包括：产前性别选择、传统的父系家族制、现行的法律制度和婚姻制度、男孩偏好的宗教和文化习俗等。

在非洲，赤道几内亚和加蓬以丰富的石油资源吸引了来自喀麦隆、中非、马里和贝宁等国家的男性劳动力，致使该国男性人口明显多于女性。而科特迪瓦以生产可可粉和咖啡为支柱产业，

第四章

需要密集劳动力,这吸引了来自邻国布基纳法索和马里的大量男性劳动力,导致科特迪瓦的男性数量多于女性。

人口性别失衡的另一表现是女性过剩。这主要是由战争和社会生活因素导致的男性死亡率偏高引起的,社会后果也不容小觑。男性相对稀缺,不利于女性提升社会地位以及正当权益的维护。男性拥有多个性伙伴加剧了艾滋病、性病的流行,同时导致婚外生育、单亲家庭以及人工流产大大增加。女性遭受着更多的性暴力和家庭暴力侵害。单身母亲的家庭负担加重,单身女性老人增多、性暴力增多会给社会的救助、福利、安全、医疗等方面带来极大的挑战。

俄罗斯是一个地广人稀的大国,面临着人口数量日益下降和性别比例严重失衡的问题,是全球男性人口比例最低的五个国家之一。自20世纪初,俄罗斯就出现性别比偏低的问题,并呈现波动下降的趋势。尤其是经济文化发达的城市地区,性别失衡问题比边远落后的农村地区更为严重。酗酒带来的男性生育能力降低、事故、病亡率升高,以及20世纪频繁战争中大量男性牺牲是男少女多的主要原因,而政局的动荡、经济不景气等抑制了人们的生育愿望,加剧了性别比失衡现象。性别失衡同少生、不生的生育观念相互影响,使得生育率大幅下降,导致人口增长缓慢。人口总量的减少导致兵源短缺,国防安全面临威胁。

越南也面临人口性别比偏低的问题。其直接原因是20世纪的常年战争损耗了大量男性，而战争期间和战后许多男性移居国外，进一步加剧了越南性别失衡态势。近年来越南的出生性别比开始逐渐升高，性别失衡的态势开始向女性缺失转变。各种形式的买卖婚姻、拐卖妇女、贩卖女性出境等非法行为逐渐增多。

镜头转向中国。近年来，很多中国父母特别是农村父母面临一件头疼事：儿子娶不着媳妇。其原因要归结于自20世纪80年代中期开始的出生人口性别比失衡。超声波技术的发展，加上传统的男孩偏好观念，造成了中国出生人口性别比失衡程度高、持续时间长、波及人口多的现状。中国历次人口普查数据显示，总人口性别比一直高居105以上，属于性别严重失衡的国家之一。这造成的最大社会问题就是"光棍危机"。特别是由于婚配中"男高女低"的传统，社会经济地位较低、受教育程度较低的男性更可能成为"剩男"。首先，这会在一定程度上影响婚姻市场，刺激并加剧落后地区天价彩礼、拐卖妇女、买卖婚姻、性犯罪现象的发生。其次，非自愿的独身男性人口不断增加会导致婚外恋、婚外情、婚外性的增多以及卖淫、嫖娼等色情业滋长，必然冲击现有的婚姻制度，危及家庭稳定。再次，处于劳动年龄的人口性别比高将导致一些过剩的男性劳动力转向传统的、以女性就业为主的领域，冲击原有的就业格局。最后，在生育率下降的背景下，出生人口性别比失衡无疑加速了未来育龄女性人数的萎缩，这势必抑制本已降速的人口增长。

第四章

近年来，随着我国"二孩""三孩"政策的相继出台，出生人口性别比出现下降趋势。但多年积累的问题难以在短期内解决。从人口发展规律看，出生人口性别比下降到一定程度后，继续下降的难度更大。"七普"数据显示，2020年中国男性人口为72334万人，占51.24%；女性人口为68844万人，占48.76%。总人口性别比为105.07，与2010年基本持平，略有降低。出生人口性别比为111.3，较2010年下降了6.8，预计到2030年将稳定在107。尽管出现趋向正常的态势，但相当长时期内中国社会还要面对不断产生的"新剩男"问题。2015—2045年，中国的男性剩余人口将达到15%以上，平均每年大约有120万男性在婚姻市场上找不到对象。

近几十年来，人口性别领域的另一重要事件是全球范围内性少数群体（LGBT）引发广泛关注。LGBT是女同性恋者、男同性恋者、双性恋者和跨性别者（lesbians, gays, bisexuals and transgender）的英文缩写统称。同性恋是人类社会长期存在的一种社会关系和现象，在古希腊、古罗马时期曾属常见。犹太教、基督教、伊斯兰教等主要宗教都视之为罪恶，因而在相当长的时期内，它在世界绝大多数地区都属于一种法律上的罪行和心理上的病态。20世纪以来，西方国家对同性恋的态度逐渐趋向宽松和包容，认可它是一种正常的社会身份、生活方式和文化。联合国近年来也多次表示支持保护同性恋者正当权益，反对基于性取向的暴力行为和犯罪以及在就业、医疗、教育领域的歧视。由于同性恋的成因复杂、长期不被社会认可、身份识别困难，因而人口中的同性恋群体数量很难统计，至今没有被各方认可的数据。根据易普索调查公司2021年对27国的调查，人群中约有3%是同性恋、4%是双性恋、1%是跨性别者。当然，这只是一家之言。

在美国，同性恋者曾长期遭到歧视和压制。在20世纪60年代民权运动、女权运动、新左派运动、反战运动的浪潮中，同性恋权利运动兴起。同性恋权利组织鼓励同性恋者向家庭和社会公开自己的身份，通过大众传媒改变人们对同性恋的歧视和恐惧态度，树立同性恋的积极形象，还通过成立政治组织、游说国会议员、政治捐款来参与选举政治，以期进一步争取自身权益。时至今日，尽管同性恋者在就业、教育、医疗等领域仍受到不同程度的歧视，但美国社会对同性恋的包容度已有显著提升。迄今，美国已有37个州和首都华盛顿实现了同性婚姻合法化。自认为是同性恋者的人口比例从2012年的3.5%增加到2020年的5.6%。

欧洲曾因宗教原因长期迫害同性恋，但是20世纪中期以来成为对同性恋态度最开放包容的地区，其中北欧国家走在前列。1989年，丹麦成为世界上第一个允许民事结合（非法定婚姻的同性伴侣间权利关系）的国家。荷兰、挪威、丹麦、瑞典等国相继修改国内法律，明确规定同性恋者在基本人权方面不受歧视。2001年，荷兰成为第一个同性婚姻合法化的国家。此后，欧洲国家陆续实现同性婚姻合法化。迄今，英国和14个欧盟国家允许同性婚姻，另有7个欧盟国家允许民事结合。欧盟作为国际组织对同性恋也采取包容支持态度。1993年，欧盟委员会曾在参加世界人权大会之前邀请欧洲同性恋组织就人权问题做顾问。欧盟条约和法律规定，反对在就业等领域歧视同性恋者。

20世纪90年代以来，随着全球同性恋群体意识的增强和同性恋权利运动的发展，中国同性恋的法律地位、医学分类和生存状态也开始发生变化。1997年刑法修订取消了依照"流氓罪"处罚同性恋者的规定，2001年同性恋从精神疾病分类中删除。一些同性恋题材的文艺作品涌现出来，公众对这一现象的认识也有了显著提高。由于目前仍受到较明显的社会歧视，同性恋者的心理健康状况令人担忧。孤独、压抑成为惯常的情绪，严重影响工作和生活。该群体还隐藏着一系列复杂的社会问题。首要的问题是艾滋病。由于同性伴侣关系常处于地下隐藏状态，得不到与异性恋者平等的社会保障和约束，他们的伴侣关系短暂而易碎，导致其频繁更换性伴侣，增加了性病、艾滋病传播的几率。其次是危害家庭稳定。与西方国家相比，我国80%以上的同性恋者被迫选择结婚。这意味着他们被迫欺骗妻子（丈夫）、欺骗孩子，甚至在外与同性发生性行为，不仅危害家庭稳定，更加剧感染艾滋病风险。再者，随着我国老龄化程度加深，同性恋者养老问题逐渐显现。他们通常没有合法伴侣，也没有孩子，晚年的生活质量会大打折扣。此外，基于社会歧视和偏见，同性恋者在社会上面临更大的被侮辱、殴打、敲诈甚至暴力侵害的风险，成为社会治安的一大隐患。

老龄化问题的扩散

同人口性别构成一样，人口年龄构成也是人口自然构成中的一项基本内容。它是指一个国家（或地区）在某一时间各年龄段人口在其总人口中所占的比重，反映了总人口中育龄人口与非育龄人口、劳动适龄人口与非劳动适龄人口、少年儿童人口与老年人口等的比例关系。

近几十年来，全球人口结构的一个最显著特征是老龄人口比例增加，即老龄化进程加速。事实上，人口老龄化本是人类自身发展进步的体现，反映了公共卫生、医疗方面的进步，社会经济的发展，防治疾病能力的提高以及寿命的延长。然而，就老龄化对一个国家（地区）经济社会发展的影响而言，挑战总体上大于机遇。当前，老龄化不只局限于少数国家，而是全球各国普遍存在的现象。1990年至2019年，全球65岁以上老年人口所占比重从6%上升到9%。预计到2050年，这一比例会达到16%。老龄化势头最强劲的地区当属东亚和东南亚、拉美和加勒比地

第四章

区，老年人口比例分别增加了 5% 和 4%。

在发展中地区，"年轻"国家日渐减少。人口平均年龄在 25 岁以下的国家将从目前的 80 个左右减少到 2030 年的 50 个左右，包括美洲的玻利维亚、危地马拉和海地，环太平洋地区的东帝汶、巴布亚新几内亚及所罗门群岛，南亚的阿富汗。在巴基斯坦西部地区，年轻化仍然是部族年龄结构的最主要特点。聚居在巴基斯坦和阿富汗的普什图族，妇女平均生育 5 胎以上。在印度，劳动年龄人口比重将从现在的约 65% 上升到 2030 年的 69%。南部诸邦与大城市的生育率有所下降。老龄化问题预计在 2050 年之前不会对印度造成经济负担。

1960年至2015年，经合组织高收入国家的老年人口比例从9%增加到17%，并将在2050年达到28%。其中，日本、西班牙、葡萄牙、希腊和韩国的老年人口比例将接近40%。在美国，每年有大量移民涌入，而且生育率相对较高，因而老龄化的步伐相对缓慢。在欧洲，德国发展前景不错，可能会继续领先欧盟其他26个成员国，但人口老龄化会拖累德国经济增长。

低生育率是老龄化加剧的首要原因。目前，世界上生育率最低的国家和地区是白俄罗斯、韩国、乌克兰、波黑、捷克等国，维持在0.91—1.26个孩子之间，是全球平均水平的50%。生育率最高的国家是尼日尔、几内亚比绍和阿富汗，生育6—7个孩子是普遍现象。造成全球低生育率的主要原因包括：经济增长更快、女性的教育水平提高、就业机会增加以及节育方法的大范围使用。

劳动年龄人口减少是人口老龄化的一个突出表现。15—64岁人口为劳动年龄人口。该年龄段人口增长得越快，经济高增长和生活水平提高的潜力越大，反之亦然。从20世纪中叶到21世纪中叶，各主要国家劳动年龄人口增长呈现不同态势。美国20世纪五六十年代的劳动年龄人口增长率很高，90年代再现高增长率，此后增长势头明显放缓。日本的劳动年龄人口从20世纪90年代就开始减少。从现在到2050年，预计每年减少0.5%—1.5%。西欧劳动年龄人口从2010年后开始减少，之后每年持续减少0.5%—1.0%。中国、俄罗斯也进入劳动年龄人口减少时期。抚养比是指儿童和老年人口占15—64岁劳动年龄人口的比例。据测算，由于照顾老年人的经济成本远大于照看儿童的费用，因此，儿童人口比例降低引起的儿童抚养比下降无法抵消老年人口比例增长带来的老年抚养比上升。2019年，老年抚养比最高的地区是欧洲和北美洲，为30%。相比之下，大洋洲和撒哈拉以南非洲的老年抚养比较低，分别是7%和9%。而放眼2050年，以上各地区的老年抚养比都将显著提高。

就人口年龄结构对社会和国家安全的影响而言，通常如果一国年轻人比例大，那么国内冲突和国际冲突的风险相对较高。自20世纪70年代以来，大约80%的武装冲突和种族冲突都发生在人口年龄结构年轻化的国家。安哥拉内战、北爱尔兰冲突、秘鲁反对极左派"光辉道路"的战争、阿富汗内战等打了数十年。未来20年，国家内部冲突将呈现下降趋势。但一些地区的国内冲突风险仍会较高，主要分布在撒哈拉以南非洲的西部、中部和东部，中东和南亚，亚太地区的岛国，如东帝汶、巴布亚新几内亚、菲律宾、所罗门群岛等。

人口老龄化对国家的社会经济发展具有深远影响。在经济增长方面，老龄化使得有效劳动力增长放缓甚至减少，对全要素生产率增长的负面影响则导致了人均产出的增长放缓。老龄化进程领先国家（如美国和日本）的经验表明，40—49岁年龄组占劳动者比重高的时候，全要素生产率更高。这也意味着一旦人口的中位年龄越过这一区间，将会导致生产率增长放缓。实证分析表明，人口结构的变化，在一定程度上可以解释美国20世纪90年代（"婴儿潮"一代进入壮年）的生产率增长，以及同期日本的生产率停滞。美国的劳动年龄人口自20世纪60年代以来快速增长，直到2005年后增幅才放缓，而美国90年代后半期的年均生产率为2.5%，整个90年代的年均GDP增速为3.2%。20世纪50年代至90年代，日本的劳动年龄人口增长是其经济强劲增长的关键因素和动力，90年代人口总量和劳动年龄人口呈现下降态势，同期的年均生产率仅为0.77%，年均GDP增速为1.1%，经济陷入停滞和衰退。

人口老龄化对国家的社会保障体系产生深刻影响，关系到个人的切身利益、国家的财政政策、人口代际间关系以及社会稳定。其主要影响途径是养老金制度。养老金的筹资模式分为现收现付制和基金积累制。前者是先确定当期需要支付的社会保障费用是多少，再以这个数值为标准向社会成员收取社会保障金。后者是为参保人建立个人账户，通过对账户基金的投资运营来保证养老金的保值增值。目前，世界大多数国家实行的是现收现付制与基金积累制相结合的养老金制度，如英国、美国、德国。还有一些国家实行基金积累制，如智利和新加坡。随着人口老龄化加剧，更多人离开劳动力大军，进入退休行列，需要支付的养老金不断增长,现收现付制下的"零"基金积累将难以应对养老金的支付。同时,代际转移支付的压力也逐渐凸显。这就迫使一些实行现收现付制的国家开始探索基金积累制模式,通过基金的积累和增值来应对老龄化带来的冲击,有效减轻政府的财政负担。在政策调整过程中,如何兼顾效率与公平、稳定与风险,处理好各方利益,是许多国家面临的重要课题。

人口老龄化还将带来养老模式的改变,冲击原有的生活方式和家庭关系。许多发达国家更早地进入了老龄化阶段,老年人长寿而不健康、空巢老人多、老年抚养比高是普遍面临的问题。而新冠肺炎疫情也像一面镜子,折射出老年人健康的脆弱性,尤其是集中养老面临的防疫困境。未来,科技的进步、医疗卫生水平的提升、社会福利制度的完善、养老产业的发展等,能否满足老年人对幸福生活的追求,这是所有老龄化国家关心的问题。

德国作为欧洲人口老龄化程度最高的国家,主流养老模式包括以下四种:一是居家护理型养老;二是老年社区式养老,老人住进无障碍设计的监护式公寓,不脱离社区人际环境;三是老人与年轻人合租;四是养老机构型养老。目前,德国有1.2万家养老机构,包括托老所、老年公寓、临终关怀医院等,以老年公寓为主。在英国,95%的养老服务机构在社区内,包括老年公寓、日间照护中心、老年活动中心、护理机构等。

在美国,65岁以上老人绝大部分采取居家养老模式,75岁以上老人入住养老院的比例相对提高。传统美国人代际间保持较高独立性的做法，催生了养老社区。政府采取措施把养老服务引入老龄人口家中，并对其住房进行适老化改造。美国老龄住房分为独立生活社区、协助生活社区、失忆症患者生活小区、养老院，以及综合性的连续照料退休社区和生活规划社区，功能和服务有不同定位。

在新加坡，政府主导建设了首个集公共设施和服务设施于一体的综合公共养老社区——海军部村庄养老综合体，下层是社区广场，中层是医疗中心，上层是老人住宅公寓。新加坡还注重为居家养老提供服务。

从全球范围看，中国已然进入人口快速老龄化行列。以2020年为起点，在目前的中等收入和高收入国家中，中国的老龄化水平并不是特别高。然而，在随后的时间里，较之于其他经济体，中国的人口老龄化进程明显加速，甚至将超过快速组。"七普"数据显示，2010年至2020年，60岁及以上人口比重上升了5.44个百分点，65岁及以上人口上升了4.63个百分点。与上个十年相比，上升幅度分别提高了2.51个和2.72个百分点。根据预测，在总和生育率保持1.3的情况下，中国最晚将在2033年左右进入重度老龄化（65岁及以上人口比例大于21%），2045年以前进入极度老龄化（65岁及以上人口比例大于28%）。

人口老龄化将对中国经济社会发展产生深远的影响，给经济增长、社会治理、社会保障和社会服务等多方面带来严峻挑战，尤其是会直接导致社会保障支出和养老服务需求快速增长，需要特别重视。2010年至2020年，16岁至59岁劳动年龄人口减少了4000多万人，引起劳动力供给下降。中国原有劳动力低成本优势不再，依赖于充足的劳动力而形成的比较优势也将慢慢丧失，实现经济结构转型升级、寻找新的增长源成为重要任务。

中国的老龄化对经济发展的影响还有其特殊性。第一，未富先老问题。中国在中等收入阶段业已进入人口老龄化阶段，因此相对于发达国家而言，适度的经济增长在老龄化阶段仍然是筹集养老资源的重要基础。第二，快速老龄化对经济增长会产生额外的冲击。其一，快速老龄化引起有效劳动供给迅速减少，使传统的劳动密集型产业的优势快速消失，一旦不能顺利实现结构转型，将引起经济增长速度较大幅度下滑。其二，快速老龄化会使社会负担骤然加剧，并导致宏观结构的失衡。快速的深度老龄化，不仅增加了养老的资金支出，也使得长期看护、医疗保障等赡养成本迅速增加。2020年至2025年，中国80岁以上的老人增加15.2%，将给长期看护等服务带来资源、技术和人力等多方面的压力，"十四五"末期的养老负担较"十三五"末期上升15%。快速的老龄化由于在短期内增加抚养比，使得消费、储蓄、投资的相互关系发生变化，从而将在较短时期内改变原有的宏观经济结构。其三，虽然人口老龄化进程将推动劳动节约型技术进步，但从新技术的出现到成为通用型技术往往需要经历较长时期，其间，有效劳动力减少对经济增长的负面效应如果不能被技术替代抵消，将对经济增长产生负面冲击。

经济安全是国家安全的基础。当前，我国人口未富先老，经济发展、社会保障等成本不断提高，劳动力供给短缺风险上升，无疑对我国经济安全构成严峻挑战。党中央对此高度重视。习近平总书记指出："有效应对我国人口老龄化，事关国家发展全局，事关亿万百姓福祉。"尽管人口老龄化会带来经济潜在增长率下降、潜在消费需求增长放缓等挑战，但如果应对得当，就可以化被动为主动，对冲人口老龄化的不利影响。具体做法有：一是着眼长远，增强生育政策包容性，推动生育政策与经济社会政策配套衔接，减轻家庭生育、养育、教育负担。二是健全与经济发展水平相适应的收入分配、社会保障和公共服务制度，解除家庭消费的后顾之忧。三是按照小步调整、弹性实施、分类推进、统筹兼顾等原则，逐步延迟法定退休年龄，促进人力资源充分利用；健全养老保险制度体系，稳步有序推进基本养老保险全国统筹，促进基本养老保险基金长期平衡。四是发展养老服务产业。"十四五"规划提出，要大力发展普惠型养老服务。它的关键就是要让千家万户的普通老人享受到优质实惠的养老服务，特困老人享受普惠中的特惠，以期达到"老有所养、老有所医、老有所为、老有所学、老有所教、老有所乐"的理想境界。

第四章

人口族裔与身份认同

与性别结构和年龄结构不同，人口族裔结构属于人口的社会结构。但由于一个人从降生至这个世界，就属于某一种族和民族，而且通常情况下无法随意改变自己的种族和民族归属，因而人口族裔结构与阶级结构、宗教结构、文化结构等社会结构相比带有更多的自然属性，相对固定，进而对于一个国家或地区的社会经济发展和安全稳定具有至关重要的意义。从国家内各个民族的结构关系来看，多民族国家大致可分为如下几种类型：一是有一个主体民族的多民族国家，如中国；二是有两个主体民族的多民族国家，如比利时；三是有多个主体民族的多民族国家，如尼日利亚；四是无主体民族的多民族国家，如坦桑尼亚。

早在19世纪，"身份认同"一词就常见于英语、法语和德语中，主要意义偏重于个人认同。直到20世纪初，民族身份认同（national identity）的说法还很少见。20世纪50年代，心理学家埃里克·埃里克森用"身份认同危机"来解释形成于青少年时代、影响未来人生的心理波动感。美国社会学家使用该词指代个人的社会角色。60年代后，这一心理学概念扩展为更广泛的群体身份认同——性别、性取向、族裔、民族，强调要争取某种身份认同。族裔身份认同是指对共同特性、共同血缘关系或祖先的认识，是同一族裔群体成员形成相似的政治认同和政治观念的心理基础。基于种族、民族、宗教、性别等特征的社会身份认同可以通过共同的看法、遵从政治活动的规范来产生政治凝聚力。但凝聚力的大小不同。同一种族、民族和宗教群体的政治凝聚力通常比较强，相比之下，同一阶层、年龄、性别的人口群体的政治凝聚力较弱。

人口族裔构成关系到一个国家或地区各族裔群体之间的力量对比，在政治、经济、文化等各领域的互动，以及与国家政权之间的关系，因而攸关国家的政权安全、领土完整和社会稳定。此外，由于族裔结构与国际政治的互动关系长期存在，更增加了族裔结构对国家安全影响的复杂性。为维护国家统一，多民族国家通常面临着艰巨的国家整合任务。只有实现有效的国家整合，多民族国家的框架、政治共同体才能够有效维持，构筑起为各个民族遮风避雨的"政治屋顶"。

民族问题事关国家的发展全局、安全稳定，只有妥善处理民族问题，才能实现国家的长治久安。然而，由于历史因素、文化因素、宗教因素与其他因素相互交织，当今世界大多数多民族国家都面临着不同程度的民族问题。不同族裔之间的冲突成为一些国家长期动荡的重要原因。

苏联解体后，俄罗斯联邦面临的民族问题依然严峻。车臣问题尤其突出。车臣族是俄联邦境内第五大少数民族，居住在北高加索地区，信仰伊斯兰教，人口约有136万。从抗击沙皇政府

第四章

的殖民战争,到苏联时期的被流放,在车臣人的心中,始终存在脱离俄罗斯建立独立国家的意识。尤其是苏联时期,车臣人成为"特殊移民",这在车臣人心中埋下了民族仇恨的种子。"8·19"事件后,杜达耶夫当选为车臣总统,宣布建立独立的车臣共和国,要求从俄联邦独立出去。当然,对于俄联邦而言,为了维护国家的稳定与统一,绝不会允许车臣独立出去。经过两次车臣战争之后,俄联邦政府沉重打击了车臣分裂主义势力,使一度紧张的北高加索局势得以缓解。然而,俄罗斯却不得不面对恐怖袭击的危险。从2002年10月的莫斯科文化宫劫持观众事件,到2017年4月的圣彼得堡地铁爆炸案,车臣恐怖主义分子的猖獗活动不断,为俄联邦政府维护国家安全和统一带来极其严峻的挑战。

民族问题是中东各国面临的最严重挑战之一。在中东,多数国家都是一个主体民族外加多个非主体民族共处的局面。一国的非主体民族,在别的国家很可能是主体民族。由于历史上的民族迁移、交流和帝国统治的频繁交替,加之地理边界的摇摆不定,中东地区的民族关系异常复杂而多变,跨界民族问题以及国家内部的民族矛盾和冲突层出不穷。此外,中东乃至世界许多地区的民族问题的一大特点是,民族问题与宗教问题交织,使得原本相对简单的民族矛盾逐步演变为不同宗教或教派之间的对立,加剧了局势的紧张和复杂。以伊拉克为例,伊拉克的民族和宗教矛盾极为复杂。伊拉克的主体民族是阿拉伯人,伊北部则主要居住的是库尔德人；在宗教上，虽然都信仰伊斯兰教，却分成什叶和逊尼两大教派。此外，还有众多部落势力在伊拉克的经济、社会和政治生活中发挥重要作用。萨达姆在任时，竭力掩盖各种矛盾，以政治高压维持仅占人口20%的逊尼派穆斯林对国家政治生活的控制，维持了伊拉克的领土统一。萨达姆政权垮台后，原先被压抑的民族和宗教矛盾，有如被打开的"潘多拉盒子"，形成伊拉克国内十分复杂的民族、宗教对立的新局面。什叶派、逊尼派和库尔德人三大势力围绕权力分配争斗不断。政治真空状态使伊拉克民族宗教冲突不断加剧，在2006年至2008年达到顶峰。

缅甸也是一个多民族国家，分为8个主要的民族：克钦族，包含12个少数民族；克耶族，包含9个少数民族；克伦族，包含11个少数民族；钦族，包含53个少数民族；缅族，包含9个少数民族；孟族，包含1个少数民族；若开族，包含7个少数民族；掸族，包含33个少数民族。2021年缅甸总人口为5500万，其中缅族占68%，掸族占10%，克伦族占7%，若开族占4%。1948年缅甸独立后，初步建立起了统一的多民族国家，基本做到了在平等的基础上对少数民族有特殊照顾，还特别设立了民族院。1962年奈温军政府上台后，放弃民族自治政策，导致国内民族矛盾激化，少数民族反政府武装兴起。少数民族武装基本都分布在边远地区，几乎涉及所有的少数民族。此后，少数民族武装和中央政府武装长期处于对抗状态，进一步恶化了民族关系。

第四章

据估计，1962年少数民族武装人数达到11万人，到20世纪80年代时一度达到18万人，最多时达到40支以上队伍。各个少数民族武装之间目标各异，围绕着民族自治和平等问题，涉及政治、经济、宗教和文化等诸多方面。有的要求独立，有的要求在联邦范围内获得更多的自治权，有的要求更多的经济资源。民族问题演变为缅甸的一个毒瘤，消耗了缅甸大量的资源和力量，使得独立时相对并不是很落后的缅甸到90年代已经沦落为"最不发达的国家"之一。

非洲的民族状况要比其他大陆复杂得多。这里是世界上种族最齐全的大陆，尼格罗人（黑种人）、高加索人（白种人）和蒙古人（黄种人）都有分布，此外还有各种混血人种。北非国家与撒哈拉以南非洲国家的民族构成有很大差别。相比之下，北非国家民族构成相对简单，阿拉伯人占主导地位，居民大都信仰伊斯兰教，民族问题更多表现在宗教极端主义和宗教派别之争等问题上。撒哈拉以南非洲的民族构成相对复杂，人种、方言、宗教等方面的差距也大得多。非洲绝大多数国家都是由复合族体即多族体构成的，一个国家并列的大族体少则几个、十几个，多则几十个、数百个。在非洲，危及国家安定局面、引起地区动荡的民族因素主要是部族主义，它片面地激发族体成员对本族体的政治认同和忠诚，排斥其他族体，同时削弱族体成员对国家的忠诚，对非洲现代民族国家的形成和发展起着消极作用。一方面，部族主义让一些非洲国家陷入分裂。如塞内加尔的卡萨芒斯、科摩罗的昂儒昂、喀麦隆的"西喀麦隆"问题等。另一方面，一些族体为维护既得利益或攫取更多利益试图控制国家机器，对中央政权展开角逐，使国家处于长期的不稳定状态。独立初期及冷战后初期，部族主义给非洲国家稳定带来的危害尤其明显。当时，几乎所有非洲国家都因族体间矛盾激化而陷入不同程度的社会骚乱和政局动荡，有些甚至演变为大规模流血冲突和旷日持久的内战。

  由此可见，民族问题处理不当，将对国家的政权安全、领土完整、社会稳定构成严峻的挑战，严重制约国家的经济发展和社会进步。我国作为世界第一人口大国、统一的多民族国家，依然面临民族分裂势力破坏民族团结、分裂国家的风险挑战。因此，我们必须认清自身的民族构成状况和特点，吸取其他国家处理民族问题的经验教训，积极探索符合中国国情的民族问题解决之路，维护国家的安定团结，助力中华民族伟大复兴。

第四章

参 考 文 献

1. 李树茁、韦艳、任锋：《国际视野下的性别失衡与治理》，社会科学文献出版社 2010 年版。
2. 费孝通等：《中华民族多元一体格局》，中央民族学院出版社 1989 年版。
3. 周平：《中国少数民族政治分析》，云南大学出版社 2000 年版。
4. 中国现代国际关系研究所民族与宗教研究中心：《全球民族问题大聚焦》，时事出版社 2001 年版。
5. [韩] 李银珩：《韩国人口结构变化对社会经济发展的影响研究》，吉林人民出版社 2007 年版。
6. [美] 美国国家情报委员会编，中国现代国际关系研究院美国研究所译：《全球趋势 2030：变换的世界》，时事出版社 2016 年版。
7. [英] 乔治·马格纳斯著，余方译：《人口老龄化时代：人口正在如何改变全球经济和我们的世界》，经济科学出版社 2012 年版。
8. 都阳、封永刚：《人口快速老龄化对经济增长的冲击》，《经济研究》2021 年第 2 期。
9. 林宝：《从七普数据看中国人口发展趋势》，《人民论坛》2021 年第 15 期。
10. 蔡昉：《有力有效应对人口老龄化挑战》，《人民日报》2021 年 6 月 15 日。
11. 王联：《"9·11" 以来中东民族问题的新发展与新特点》，《世界民族》2009 年第 4 期。
12. 环球杂志记者：《发达国家"普惠养老"模式镜鉴》，《环球》2021 年第 23 期。
13. World Population Ageing 2019: Highlights, United Nations Department of Economic and Social Affairs, New York, 2019.

第五章

从人口大国到人才强国

第五章

在当前日益激烈的国际竞争中，科技竞争是关键领域，各国纷纷角逐新一轮科技革命和产业变革的中心地位。人才在科技创新中被广泛视为"第一资源"。各主要人才强国纷纷出台综合措施加大人才培养，形成了各具特色的人才培养模式。近年来，中国老龄化进程明显加快，以低人口抚养比为特征的人口数量红利逐渐消失。但是，我国人口平均受教育水平和人口素质明显提高，以创新能力和全要素生产率提高为特征的人才红利逐步显现。我们亟需借鉴人才强国的相关经验做法，提升全民科技、文化素质，做好人才发展顶层设计，加大资源投入，完善人才培养和科研创新体制，加强国际人才交流合作，推动我国由人口大国加速向人才强国迈进。

第五章

人才是第一资源

中国古人很早就深刻认识到人才的重要性，并超前提出了人才应具备的综合素质和培养途径。秦穆公"羊皮换相"、燕昭王"千金市骨"、刘备"三顾茅庐"，都是耳熟能详的求贤若渴的典故。据《周礼·地官司徒·保氏》记载，在周朝的贵族教育体系中，要求学生掌握礼、乐、射、御、书、数六种基本才能（"六艺"），这与当代倡导的"德智体美劳全面发展"和"素质教育"异曲同工。被誉为"群经之首"的《周易》提出，"天行健，君子以自强不息；地势坤，君子以厚德载物"，描摹出理想的人才素质。春秋时期，《管子·权修 第三》更是将人才培养的价值提升到最重要的位置，提出："一年之计，莫如树谷；十年之计，莫如树木；终身之计，莫如树人。一树一获者，谷也；一树十获者，木也；一树百获者，人也。我苟种之，如神用之，举事如神，唯王之门。"孔子、孟子等为代表的儒家思想家强调培养兼具"仁、义、礼、智、信"的君子（理想人格）。孟子在《梁惠王上》中提出："谨庠序之教，申之以孝悌之义"，在重视提高物质生活的同时，也强调对民众的教育。此后，在数千年的封建社会中，我国的主流思想家都提倡培养"君子之道"，强调通过后天教育提升个人和群体的综合素质。

近代，在中华民族面临列强入侵的危亡之际，一批仁人志士认为国民素质低下是导致中国落后的重要原因，将提升国民素质作为实现民族复兴的关键。梁启超大力呼吁"开民智""养新民"，主张普及国民教育，培养国民的独立人格。蔡元培主张"养成共和国民健全之体格"，提出包括军国民教育、实利主义教育、公民道德教育、世界观教育和美感教育的"五育"主张。新文化运动中，鲁迅、陈独秀等领军人物更是提出了改造国民性等意在提升国民素质的主张。

在西方学界，人口学成为一门学科的历史并不长，对人口素质问题的关注也很晚。17世纪中叶，英国著名学者约翰·格兰特（John Graunt）创建了人口学。他在1662年出版的《关于死亡表的自然和政治的观察》中，最早运用数量分析来研究人口变化规律，成为人口统计学的奠基之作。1798年，英国经济学家马尔萨斯出版了《人口原理》，把人口、经济与社会进步等因素相结合，最早系统探讨了人口对未来社会进步的影响，认为人口变动是影响社会进步的关键因素。但近代西方学界对人口素质的关注较少。直到20世纪中叶，随着现代人口学的发展，对于人口素质的认识逐步全面。法国学者阿·朗德里（A. Landry）在1949年出版的《人口概论》中，较早提出了"人口质量"问题，关注人类在生理、智能、伦理方面的综合资质。1952年，法国人口学家阿·索维（A. Sauvy）在《人口通论》中进一步加深了人口素质问题研究，深入分析了优生优育、人口数量和人口素质间的关系问题等。此后，西方学者进一步提出人力资本理论，从经济学角度探讨人口质量，将人才视作比资源、资本更为重要的经济增长基础。可见，学界已意识到人口素质是和经济学密切关联的因素。综合当前学界的主流观点来看，人口素质主要包括国家或地区人口的身体素质、科技文化素质及思想道德素质三个方面。身体素质是人口质量的前提和基础，科学文化素质和思想道德素质是人口质量的中心。

中国共产党历来重视提高人口素质。1957年2月27日，毛泽东在最高国务会议第十一次会议上指出："我们的教育方针，应该使受教育者在德育、智育、体育几方面都得到发展，成为有社会主义觉悟的有文化的劳动者。"1985年5月19日，邓小平指出："我们国家，国力的强弱，经济发展后劲的大小，越来越取决于劳动者的素质，取决于知识分子的数量和质量。一个十亿人口的大国，教育搞上去了，人才资源的巨大优势是任何国家比不了的。有了人才优势，再加上先进的社会主义制度，我们的目标就有把握达到。"从20世纪80年代开始，我国开始提倡素质教育，强调提高国民素质和实现人的全面发展，建设人力资源强国。1995年，我国推出了科教兴国战略。

近年来，全球经济和战略竞争日益加剧，我国经济也由高速增长转向高质量发展阶段，创新型人才的作用更为突出。同时，随着人口增速的下降，我国也开始从人口大国向人才大国迈进。"刘易斯拐点"这一原本生僻的经济学术语成为舆论界的热门词汇。20世纪六七十年代，诺贝尔经济学奖获得者、经济学家威廉·阿瑟·刘易斯（W. Arthur Lewis）在《劳动无限供给条件下的经济发展》一文中提出现代社会经济发展是现代工业部门相对传统农业部门的扩张过程，该过程分为两个阶段：一是传统农业部门劳动力供应过剩阶段，此时工资可以维持在较低水平；二是传统农业部门中的剩余劳动力被现代工业部门吸收完毕后的劳动力短缺阶段。第一阶段与第二阶段的交汇点就是"刘易斯拐点"，此时现代工业部门的工资开始逐步上升，人口红利逐步消失。我国在2010年前后已迈过了"刘易斯拐点"，人口数量红利的优势逐步缩小。2021年5月，《第七次全国人口普查公报》显示，中国大陆地区0—14岁人口占17.95%，15—59岁人口占63.35%，60岁及以上人口占18.70%，其中65岁及以上人口占13.50%。与2010年第六次全国人口普查相比，0—14岁人口的比重上升1.35%，15—59岁人口的比重下降6.79%，60岁及以上人口的比重上升5.44%，65岁及以上人口的比重上升4.63%。但是，我国劳动人口的受教育程度和人口素质有了明显提升，依靠创新能力和全要素生产率提高的人才红利正在显现。《第七次全国人口普查公报》显示，中国大陆 15 岁及以上人口的平均受教育年限为 9.91 年，比 2010 年提高 0.83 年。其中，16—59 岁劳动年龄人口平均受教育年限达到了 10.75 年，比 2010 年提高了 1.08 年。

党的十八大以来，党中央作出"人才是实现民族振兴、赢得国际竞争主动的战略资源"的重大判断，大力推动人才工作。2020 年，党的十九届五中全会提出了 2035 年我国进入创新型国家前列、建成人才强国的战略目标。2021 年以来，我国在教育领域推行"双减"（有效减轻义务教育阶段学生过重作业负担和校外培训负担），也是为了克服应试教育片面注重升学率和考试技能的弊端，提高青少年的创新能力和综合素质。

2021 年，习近平总书记在中央人才工作会议上提出了我国人才发展的分阶段宏伟目标，为我国人才事业发展提供了明确的路线图和顶层设计：到 2025 年，全社会研发经费投入大幅增长，科技创新主力军队伍建设取得重要进展，顶尖科学家集聚水平明显提高，人才自主培养能力不断增强，在关键核心技术领域拥有一大批战略科技人才、一流科技领军人才和创新团队；到 2030 年，适应高质量发展的人才制度体系基本形成，创新人才自主培养能力显著提升，对世界优秀人才的吸引力明显增强，在主要科技领域有一批领跑者，在新兴前沿交叉领域有一批开拓者；到 2035 年，形成我国在诸多领域人才竞争比较优势，国家战略科技力量和高水平人才队伍位居世界前列。

国强则民强

早在1300多年前,我国古代著名政治家管仲就意识到:仓廪实而知礼节,衣食足而知荣辱。一个社会的国民素养不是静止的内在属性,也很难超越其所处的历史阶段和生产力发展水平,而是与综合国力和物质发展水平紧密相关。物质生活水平到达一定程度,素质也能相应提高;反过来,国民素质提高,也能促进物质生活水平的提高。因此应当理性、客观地看待一个国家的国民素质,既不能妄自尊大,也不能妄自菲薄。中国国民素质的进步,突出表现在科学素质和身体素质的快速提升上。

一方面,国民科学素质快速提升。随着经济腾飞,我国近年对科技的重视和投入前所未有。我国研发经费投入从2012年的1.03万亿元增长到2020年的2.44万亿元,居世界第二。目前,持续的高投入逐步开花结果。

首先,中国科技人才队伍快速壮大。中国人才资源总量从2010年的1.2亿人增长到2019年的2.2亿人,其中专业技术人才从5550.4万人增长到7839.8万人。各类研发人员全时当量达到480万人年,居世界之首。中国每年培养的工程师的数量,相当于美国、欧洲国家、日本和印度培养出来的工程师的总和。庞大的人才基数,为中国科技和经济爬坡过坎、转型升级奠定了坚实基础。

其次，中国科技创新能力不断增强。世界知识产权组织发布的全球创新指数显示，我国排名从2012年的第34位快速上升到2021年的第12位。中国从此前的模仿、追随西方先进科技，到如今在5G通信、人工智能、量子技术、超级计算机、新能源等领域相继领跑或者位居世界前列。

最后，中国公民的整体科学素质提升迅速。2021年，中国科学技术协会发布了第十一次中国公民科学素质抽样调查结果，结果显示：2020年我国公民具备科学素质比例达到10.56%，比2015年的6.20%提高了4.36个百分点，比2005年提高了8.96个百分点。我国公民科学素质水平跨入创新型国家行列。

2020年上海（24.30%）和北京（24.07%）的公民具备科学素质比例超过24%，天津（16.58%）、江苏（13.84%）、浙江（13.53%）、广东（12.79%）、福建（11.51%）、山东（11.47%）、湖北（10.95%）和安徽（10.80%）八省市的公民科学素质比例超过10.56%的全国总体水平。东部地区的长三角、珠三角城市群公民科学素质水平处于领先地位。东部、中部和西部地区的公民具备科学素质比例分别为13.27%、10.13%和8.44%。城镇居民和农村居民具备科学素质比例分别达到了13.75%和6.45%。这充分显示了经济基础是人口素质提升的关键。

另一方面，国民身体素质也大幅提高。一般民众的身体素质和健康水平也是国民素质和社会发展程度的重要标志。1917年，毛泽东就提出"文明其精神，野蛮其体魄"。新中国成立后，国家大力开展全民性体育活动，增强人民体质，弘扬体育精神。改革开放后，我国积极承办和参与亚运会、夏奥会、冬奥会等国际体育盛会，这些体育盛会也成为推广全民体育活动、增强人民身体素质的重要途经。

奥运奖牌数量，不仅反映出该国民众的健康水平，也是国家综合实力的展现。获得奥运奖牌多的国家通常在人口基数、经济规模和体育素质水平方面占据很大的优势。据统计，1952—2021年的18次夏季奥运会中，美国和俄罗斯（苏联）累计17次进入前5名，德国（包括联邦德国、民主德国）15次，中国9次，意大利6次，日本5次，英国4次。可见，奖牌榜的前列大多是经济和人口大国。

中国的奥运历程也与国家发展状况紧密相关。1932年，中国奥运会第一人——刘长春参加洛杉矶奥运会的经历令人心酸。在张学良资助8000银元下，刘长春经过3个星期的海上漂泊才到达目的地，第二天未来得及休整就参加了开幕式，第三天就参加了比赛。比赛结束后，刘长春连归国的路费都没有，靠当地华人捐助才得以回国。刘长春出发前，《大公报》当时发表评论："我中华健儿，此次单刀赴会，万里关山。此刻国运艰难，愿诸君奋勇向前，愿来日我等后辈远离这般苦难。"斗转星移，时间的指针走到了2021年。在东京奥运会上，苏炳添在男子个人

100米决赛位列第六,实现了亚洲短跑的历史性突破。从备受嘲笑的"东亚病夫"到驰骋赛场的奥运健儿,刘长春和苏炳添的故事折射出百年间中国国家实力的沧桑巨变。

从1984年,许海峰为中国赢得第一枚奥运金牌开始,到近年来中国稳居奥运奖牌榜的前列,背后反映的是我国综合国力的巨大提升。中国已步入了世界体育强国之列,并有能力举办夏奥会、冬奥会等世界级的大型运动会。中国运动员们向世界展现了新时代中国人自信、开放、阳光的一面,传播了开放包容、自信洒脱的中国形象。

十年树木与百年树人

正如许多国际政治学者所关注到的,与冷战时代美苏两大阵营以军备竞赛为主的竞争不同,当前以中美战略竞争等为代表的大国竞争更多是以高科技产业为中心的竞争。目前,美国正在推动与发达国家盟友构建产业链同盟,吸引核心产业回流本土,竭力打压中国半导体、5G、大数据、新能源等高科技产业崛起。全球各主要大国也都在加紧科研体制改革和加大培育、招揽顶尖科研人才,激烈角逐新的全球人才中心地位。

近代以来,随着大国竞争的日益加剧,全球人才中心历经数次变迁。习近平主席在2021年全国人才大会上说："科技和人才总是向发展势头好、文明程度高、创新最活跃的地方集聚。"他归纳了全球科学和人才中心的5次交替，包括16世纪文艺复兴时期的意大利，产生了哥白尼、伽利略、达·芬奇、维萨里等一大批科学家；17世纪的英国，牛顿、波义耳等科学大师开辟了力学、化学等多个学科，推动了第一次工业革命；18世纪启蒙运动时期的法国，拉格朗日、拉普拉斯等科学家，在分析力学、热力学、化学等学科领域取得重大突破；19世纪的德国，产生了爱因斯坦、普朗克、欧姆、高斯等大批科学家，创立了相对论、量子力学、欧姆定律、高斯定理等重大科学理论；20世纪的美国，费米、冯·诺依曼等一大批顶尖科学家以及贝尔、爱迪生、肖克利等发明家，推动了一系列划时代的科技创造。可以说，人才、科技中心地位的形成，极大推动了相关国家的崛起。

人才中心地位的形成绝非自然而然就可以实现，既需要天时、地利，也需要精心谋划、苦心经营。古人说"百年树人"，一方面强调了人才的重要性，另一方面也反映了人才培养和人口素质提升绝非一朝一夕就可以做到，而是需要长期经营、久久为功。各国都认识到人才的重要性，也有意识地加大了投入，但在人才培养方面的效果却是良莠不齐。究其原因，在于人才培养有其自身规律，是一个复杂的系统工程，不仅仅是加大物质投入那么简单。考察其他国家或民族人才培养的案例，或许可以帮助我们汲取有益的经验。

在漫长的历史长河中，犹太民族多灾多难，历经坎坷，然而却人才辈出，为世界文明做出了巨大贡献。犹太民族培养出众多世界级的科学家、思想家、艺术家、实业家、银行家等，包括耳熟能详的爱因斯坦、马克思、毕加索、卡夫卡、洛克菲勒、巴菲特等。目前，全世界的犹太人约有1400多万，只占全球人口的0.2%。然而，从1901年到2021年，至少有210名犹太人获得诺贝尔奖，约占900多名总获奖人数的22%，其中包括56位获得物理学奖、58位获得医药学奖、36位获得化学奖、35位获得经济学奖、16位获得文学奖和9位获得和平奖。

同样，作为犹太人建立的国家，以色列人口仅有900万人，实控面积仅有2.5万平方千米，且多是沙漠，却能在中东列强中占据一席之地，并在遗传学、计算机、光学、工程学、农业、物理学、医学等领域名列前茅，成为全球领先的创新型国家。世界知识产权组织与英士国际商学院及康奈尔大学联合发布的《全球创新指数（GII）报告》显示，2009年至今，以色列名列全球"创新领导者"梯队前列。以色列孵化了超过6000家初创企业，在纳斯达克上市的新兴企业总数超过欧洲的总和，在知识和技术产出方面也一直位于全球前12位，2018年跻身全球第7位。

犹太民族人才辈出的经验主要有如下几点：第一，犹太人具有格外重视教育的民族和宗教传统。犹太人在历史上有过颠沛流离、多灾多难的经历，使他们形成了坚韧不拔、重视教育的民族传统。犹太人被誉为"书的民族"。按犹太律法规定，《希伯来圣经》是每个犹太人都必须读的书，其中共有429处强调阅读的重要性。被誉为"犹太智慧的基因库"的另一部经典《塔木德》，提出"学习是一种至善的行为，是一切美德的本源"。《塔木德》中写道："如果你拥有了知识，那你还缺少什么呢？"在这种浓厚的宗教氛围影响下，犹太人从小就开始学习背诵祈祷词、圣经、格言、谚语及圣典上的内容，学习和钻研成为犹太人信仰的一部分，并养成了终身学习的习惯。有赖于此，犹太人早在中世纪就几乎消灭了文盲，基本做到了"人人能阅读，人人有文化"。

以色列《义务教育法》中规定，所有3—18岁的儿童都必须接受免费的义务教育。2018年皮尤研究中心的研究表明，犹太人是全世界受教育程度最高的群体，平均受正规教育时间超过13年。美国犹太人受高等教育的比例最高，为75%（美国人整体受高等教育比例为40%），平均受教育年限高达14.7年。以色列犹太人平均受教育年限为12年，其中接受过高等教育的人占46%，与韩国并列为平均受教育年限最高的国家。全球创新竞争力指数的数据显示，以色列教育支出占GDP的比例保持在5.8%左右，位居全球前列；研发总支出GDP占比为4.3%，位居全球首位。按人口比例计算，以色列的科学家和工程师数量，以及在校大学生人数等指标，目前均位列世界第一位。其中，每万名雇员中拥有 140 名科技人员或工程师，远超过美国的 80 名和日本的 75 名。

第二，鼓励创新、包容失败的教育理念和创新文化。犹太人谚语说，"两个犹太人有三个脑袋"。他们从幼儿教育时期就鼓励独立思考和辩论，反对灌输知识，提倡质疑权威和真理，强调保持学生的好奇心和怀疑精神，重视实践和创新能力。犹太圣贤曾说：读过很多书的人，如果不会用书上的知识，只会像是一头驮着很多书本的骡子。以色列针对学生的课程设计多以"解决问题方案"为主，教师引导学生寻找解决问题的方法。以色列总统佩雷斯说："犹太人最大的传统就是不满足，这对于政治来说或许不是好事，但对于科学来说绝对是好事。"

在以色列社会中，普遍没有等级森严的上下关系，多数社会组织保持着扁平化的管理方式，下级向上级大胆提出自己的意见，各层级的沟通交往较为平等。"扁平式"的管理模式，使得以色列人不唯上，唯科学、唯真理，培养了创造性思维。以色列实行普遍义务兵役制，大部分人共有的军营经历也培养了以色列人敢于质疑、挑战权威和不怕犯错的精神。

以色列著名作家阿摩司·奥兹讲过两则关于以色列社会盛行质疑和辩论的轶事。他曾批评政府的某项外交政策，于是以色列总理奥尔默特邀请他一起喝咖啡讨论，两人争辩了一个半小时，最终谁也没有说服谁。还有一次他打车时，出租车司机认出了他，对他说："我读过你的书，但是我不同意你的观点。"然后，这位司机和奥兹进行了辩论。

第三，重视吸引海外人才和国际科技合作。以色列政府重视吸引散布海外的犹太高层次人才回国，推出"60周年之际回家计划""以色列卓越研究中心计划""以色列国家引才计划""吉瓦希姆青年引才计划"等，并出台了减免税、解决海归人才子女上学问题等一系列政策，以吸引海外高层次人才归国就业创业。以色列《回归法》和《国籍法》规定，年满18周岁的犹太人一踏上以色列国土，就自动具有以色列公民身份，从而吸引了大量流落海外的犹太人移居以色列。苏联解体后，该地区100多万犹太人移居以色列，其中有大量的高学历、高技术人才以至于有人称"苏联免费为以色列培养了一支研发队伍"；来自发达国家的犹太裔优秀人才也大量移民以色列，共同带动了其高科技产业的快速发展。

以色列还与美国、欧盟、日本、中国等40多个国家及国际组织签订了科技合作协议进行项目合作，通过建立双边基金、参与对方科技发展计划，及设立专门机构来管理合作相关事宜等，保障项目顺利进行。以色列还推出了项目资金支持和税收优惠等政策，吸引外国企业前来投资。

另一个例子就是日本的"诺奖工程"。在现代社会，诺贝尔奖数量是衡量一个国家综合实力和科研创新能力的重要指标。诺贝尔奖级别的科研成果不仅意味着某个科学领域的重大突破，更意味着该国在相关产业的领先优势和巨大的经济效益。因此，诺贝尔奖成为各国科研竞逐的重要目标。

战前，德国、法国等欧洲国家在诺贝尔奖数量上领先全球。战后，诺贝尔奖重镇从欧洲转移到美国。进入21世纪，美国在诺奖数量上仍位居首位，但日本的诺贝尔奖数量也在大幅上升，远超英、德、法等欧洲老牌科技强国。从2001年到2021年，已有20位日本人获奖（包含加入外籍的日本人），即使去掉4位美籍获奖者，也有16位获奖者。若从1949年算起的话，日本已经有29位诺贝尔奖获得者。日本获诺贝尔奖最多的领域是物理学，已有12位日本人获此殊荣，其次是化学（8人）和生理学/医学（5人）。其中17人的获奖奠基性成果是在20世纪最后30年做出的。此外，21世纪19名诺贝尔奖得主都是在战后日本本土完成大学学业的。

美、欧获诺贝尔奖数量众多，主要依靠传统上的自然科学优势，雄厚的经济基础，以及个人主义、自由开放、鼓励创新的社会文化等。日本在诺贝尔奖数量上后来居上，为重视集体文化的亚洲国家提供了良好的范例。

20世纪90年代至今，舆论常常以"失去的30年"形容日本经济的长期停滞，日本似乎陷入人口长期负增长的"老龄化陷阱"，"低欲望社会"更是给外界死气沉沉的感觉。但日本却在诺贝尔奖领域向世界揭示了其依旧保持科技竞争力的另一面。正是凭借一系列诺贝尔奖级别的科研成果和领军人物的存在，日本在高端制造业、核心材料、零部件等方面仍然有着巨大的优势，是许多领域的隐形冠军。在半导体领域，日本的硅晶圆、化合物半导体晶圆、光刻胶、靶材料等14种重要材料，占了全球50%以上的份额，有着绝对的优势。在2019年爆发的日韩贸易摩擦中，日本对韩国制造半导体的关键材料"卡脖子"，导致韩国三星等半导体产业一度面临停产危机，韩国迟迟未能找到替代日本产品的实质性方案。

那么日本是如何实现诺贝尔奖得奖人数的攀升呢？诺贝尔奖获得者的成果突破大都需要数十年的磨练和等待。21世纪日本诺奖获得者的成果大都在20世纪七八十年代取得，因此有必要回顾当时日本的做法，或将为其他国家在老龄化趋势难以逆转的情况下强化人才培养提供借鉴。

第一，推广重视创新的教育改革。在二战结束之前，日本教育倡导集体主义和军国主义思维，抹煞个人创造力和独立思维。战后，在美国的推动下，从1947年日本颁布《教育基本法》开始至20世纪70年代，日本进行了第二次教育改革，推广和平主义和民主主义教育，改革教育理念和学校制度，强调科学精神、个人思维、全球化观念等。期间，日本先后改革义务教育、特殊教育、私立教育、教科书制度、教师培养制度等，并扩大教育规模、增设理科类的高等教育机构、充分保障大学的财政状况。

第五章

日本大学教育在经济高速成长期得到了长足发展。日本的教育经费占国民收入的比例也持续扩大，从20世纪50年代的5%增加到70年代的7%。1960年至1970年间，日本高等教育机构的总数从525所增加到921所，增加了75%。1970年的在校大学生数量（168.5万）是1960年（71万）的2.4倍。大学具有高度的办学自主权，教师获得了更多的研究自由和稳定的经费支撑，大批理工科学生受到了良好的科学研究训练。日本的教育改革，培养了许多青少年对科学的兴趣和独立思考习惯，为日后诺贝尔奖获得者的涌现打下了良好的基础。目前日本的诺贝尔奖得主，基本都是第二次教育改革期间培养起来的。20世纪70年代开始，日本又进行第三次教育改革，更加强调以个性化教育为中心，进一步强化科研人员的创造力。

第二，日本在科研经费上持续高投入。经济实力是科研飞跃的最重要基础。20世纪50—70年代，日本经济的起飞为其重大科学突破提供了坚实的物质基础。1960年，日本制定了"振兴科学技术的综合基本政策"，提出将国民收入的2%用于科研的目标。70年代初这一目标顺利实现。1971年，日本又提出将国民收入的3%用于科研。1980年的研发经费投入总额比1970年提高了4倍。1982年，日本提出"科技立国"口号，继续大幅增加科研投资。日本的研发投入占国内生产总值之比从1982年的2.2%增加到1991年的2.72%，到2006年已达到3.39%，此后常年保持在3.2%以上，位居世界前列，远高于美、德、法等其他科技强国。1980—2020年，日本的研发经费投入总额由4.7万亿日元进一步增长至14.7万亿日元。

提升科研人员待遇。为了避免学者热衷于"申课题""短平快"，无法长期集中精力从事科研，日本政府控制竞争性研发经费的比例，拨付给大学和科研机构的稳定支持经费占全部经费的70%以上。研究人员获得稳定的支持经费，可以按照自己的学术兴趣，在多年不见成效的情况下自主使用这些经费开展科研。日本科研人员的收入和社会地位很高，使他们较少忙于募集经费和公关，可以心无旁骛从事研究工作。1995年"日本社会阶层与社会移动"的调查显示，大学教师的职业威望得分为83.5，仅次于法官、律师的87.3分，远远高于大型企业高级管理人员、高级公务员、演员等职业。2008年，日本大学教授的平均工资约为1122万日元（约合人民币90万元），远高于国家公务员的663万日元。

日本在教育领域的巨额投入，提升了本土教育的质量，培养了一大批高素质人才。1982年日本在五个科学领域中发表的论文数量为12534篇，位列世界第二。2018年日本每万人中研发人员为53.2人，位居世界首位。21世纪日本的诺贝尔奖得主都是在日本本土接受大学教育，许多人甚至在做出获奖奠基性成果之前表现并不突出，也没有海外留学和研究经历。2002年诺贝尔化学奖得主田中耕一做出获奖成果时没有博士学位和海外留学经历，也无 SCI 期刊论文和高级职称。2014 年，诺贝尔物理学奖获得者中村修二毕业于并不知名、甚至没有开设物理系的德岛大学。长期在日本一家普通企业工作，同年的另一位诺贝尔奖得主天野浩做出获奖成果时还只是名古屋大学的在校研究生。

第三，政府进行科学合理的顶层设计和积极引导。为了实现对重大科技前沿的重点突破，日本坚持组织顶尖科研人员进行前沿技术预测，并据此加大对重点领域的投入和攻关。从 1971 年开始，日本每隔 5 年组织一次大规模的技术预测调查，预测调查的时间跨度为 30 年，调查结论为日本科技基础计划等科技政策的制定提供了支撑。然后，每隔 20 年会评价之前的预测实现率。从第 1—5 次科学技术预测调查评价来看，整体实现率在 70% 以上。这表明日本对前沿领域的预测非常准确，相当于政府在重点科研领域的"天使投资"卓有成效。1995 年，日本国会通过了《科学技术基本法》，提出"科学技术创造立国"的基本国策。1996 年，日本内阁依据上述基本法制订了第一个为期 5 年的科学技术基本计划，为学界在技术领域的集中、重点突破划定研发框架，确保资金投入重点领域。截至 2021 年，日本共公布了五期科学技术五年规划。特别是在 2001 年，日本发布第 2 个科学技术基本计划，明确提出要在 50 年内拿到 30 个诺贝尔奖。当时外界都觉得这个目标是天方夜谭。然而，截至 2021 年，日本就完成了三分之二的目标，此外仍有一批接近诺贝尔奖的学者蓄势待发。

为了冲击诺贝尔奖和把握世界科技发展导向，日本努力打破科技管理部门各自为政的局面，在 2001 年设立"综合科学技术会议"作为最高科技决策机构，2014 年更名为"综合科学技术创新会议"（CSTI）。该机构由内阁总理大臣、相关大臣及有识之士构成，集结了最高等级的政府领导、企业家和专家学者，共同进行科技顶层设计和前瞻部署，实现了各部门间的有机协调，推动产学研一体化。CSTI 大力推动基础研究、构建世界最高水平研究基地，挖掘尖端基础技术人才，并为此提供大量经费资助。

为保障科研经费的独立性和中立性，日本科学技术振兴机构（JST）作为独立于政府部门的专业科研管理机构，在选定重点科研项目、挖掘顶尖人才、监督项目资金使用和提供全程服务方面发挥了重要作用，催生了一批诺贝尔奖项目的产生。JST 选定了一批"战略型创造研究推进事业"，并从顶尖专家库中指定各研究领域项目负责人。各项目负责人主导招募和组建研究团队，负责整个项目的运行和管理，制订研究计划，履行评审专家的职能。这种灵活的顶级专家项目负责制推动了一批诺贝尔奖得主产生。2012 年，京都大学教授山中伸弥获诺贝尔生理学/医学奖，与 2003 年 JST 为他提供了为期 5 年、总额近 3 亿日元的研究经费有重要关系。时任项目负责人的前大阪大学校长岸本忠三重用了当时名不见经传的奈良先端科学技术大学的副教授山中伸弥。除了如同岸本忠三一样的伯乐型项目负责人之外，能够发现和识别

第五章

高潜力人才和技术的高素质专业化科研管理人员的存在也同样重要。2014年赤崎勇、天野浩和中村修二共同获得诺贝尔物理学奖，这与JST职员石田秋生的慧眼识珠和执着推进项目有重要关系。1985年，石田在访问赤崎勇研究室时首次看到氮化镓晶体的照片时，敏锐预感到该成果产业化的广阔前景，JST投入5.5亿日元，促成赤崎勇和丰田合成公司之间的合作研发，最终于1995年实现了LED的产品化。可见，JST培育了一批顶尖学者，推动了战略型基础研究，灵活的科研经费制度、兼具评审专家职能的伯乐型项目负责人，直接催生了多位诺贝尔自然科学奖得主的诞生。

第四，加强国际交流。日本科技界与海外前沿机构进行着密切的交流，及时把握全球最新的科研动向。许多研究人员都有在美国学习进修的经历，成功地将美国的研究方法移植到日本。2000年诺贝尔化学奖得主白川英树和2001年化学奖得主野依良治都曾在美国大学进修。2016年诺贝尔生理学/医学奖获得者大隅良典曾于1974—1977年在研究细胞生物学的重镇——洛克菲勒大学做博士后研究工作，该校曾斩获4个细胞生物学领域的诺贝尔奖。大隅良典归国后，将美国在细胞生物学领域的研究秘诀带回日本，大大提升了日本在该领域的研究水平。日本还在国际舞台积极宣传本国的科学家及成果，为本国科学家追逐诺贝尔奖造势。日本在瑞典设立了研究联络中心，大力推介获得诺贝尔奖可能性大的日本科学家，甚至还邀请诺贝尔奖评委到日本旅游，增加日本科技界的国际知名度。

但也有学者认为，目前日本获得的诺贝尔奖绝大多数在20世纪经济鼎盛、科技投入巨大的时期，随着日本经济多年持续低迷和科研投入的相对迟缓，其频繁斩获诺贝尔奖的好日子即将到头。近年来，日本对科研人员提供的稳定研究经费遭到削减，导致科研人员忙于申请竞争性科研项目，难以专心从事需要长期坐冷板凳的基础研究。目前，日本大学的世界排名总体呈下滑趋势，国际论文的数量和质量也出现了较大幅度下降。

综合来看，"条条大道通罗马"，主要人才强国根据本国国情，因地制宜形成了独特的人才培养路径。但其中也有许多共性，例如政府做好人才培养的顶层设计和制定有效的人才政策，加大对基础教育和人才培养的物质投入，推广重视创新、创造的教育理念，塑造有利于科研创新和允许试错的开放、包容环境，加强国际人才交流和加大国际人才招募等。

习近平总书记指出："我国教育是能够培养出大师来的，我们要有这个自信！"在这个伟大的时代，日益蓬勃繁荣的中国将秉持自信、包容、开放的姿态，不断理顺人才培养机制，促进国际人才交流合作，"聚天下英才而用之"。中国一定能抓住世界新一轮科技革命和产业变革的历史机遇，培养出更多具有世界影响力的科学、技术、文化大家，成为人类历史上又一个科技中心和人才高地。

第五章

参 考 文 献

1 习近平:《深入实施新时代人才强国战略,加快建设世界重要人才中心和创新高地》,2021年9月中央人才工作会议。

2 刘立等:《公民科学素质测评国际新进展及对中国的启示》,《全球科技经济瞭望》2018年第5期。

3 徐剑波、鲁佳铭:《以色列国家创新竞争力发展的特点、成因及其启示》,《世界科技研究与发展》2019年第4期。

4 张倩红、张少华:《犹太人千年史》,北京大学出版社2016年版。

5 [以]英巴尔·阿里埃利著,李雨桐译:《无畏:为什么以色列能成为创新强国》,北京联合出版公司2020年版。

6 周程:《日本诺贝尔科学奖出现"井喷"对中国的启示》,《中国科技论坛》2016年第12期。

7 秦皖梅:《21世纪初日本诺贝尔奖的井喷现象考察》,《安徽大学学报(哲学社会科学版)》2016年第4期。

8 赵晋平、单谷、刘绮霞:《日本频获诺贝尔自然科学奖的影响因素分析》,《科研管理》2020年第10期。

第六章
人口流动迁移与国家安全

第六章

自 10 万年前走出非洲，人类就再没有停止过流动。即使生活在古代，远隔千山万水，交通不便，人的流动和迁移也并未停滞。15 世纪地理大发现后，人口流动和迁移大规模展开。二战前，殖民主义、工业革命、欧洲国家的城市化进程成为人口流动迁移的重要动力。二战后，发展中国家的城市化进程拉开序幕，劳动移民成为国际移民的重要组成部分。人口流动迁移对一个国家的经济、社会发展的影响有积极的一面，不仅带来了大量的劳动力，也带来了可观的侨汇收入。但另一方面，人口流动迁移也可能导致严重的民族问题、国家主权问题、难民危机等。低质的城市化也可能引发粮食安全、社会治安等问题。人口流动迁移是一把无形的双刃剑……

第六章

人类为何迁移

人类最早的迁移可称为原始迁移（primitive migration），即受迫于自然环境的压力，为改变居住环境，维持原有生活方式而被迫迁移。比如，历史上的游牧民族逐水草而居，生活环境不固定，经常四处游牧以满足生存需求。如今，人类的流动迁移已经有多种形式，流动规模也大幅增加。2020年，全球每年的移民达2.81亿人，占世界人口的3.6%。人口流动和迁移已成为人类社会一个重要的议题。

然而，何为人口流动和迁移，目前仍有争议。有的人认为，人口的临时性移动即为人口流动，比如，每年高考后，很多优秀的毕业生背井离乡，远赴省外名校求学，仅在寒暑假才返回家乡。而人口的迁移更多是指一种长期的、改变生活居住地的移动，有的人称之为定居型移动。比如，唐玄宗天宝年间，唐都长安吸引了东西方40余个国家的侨民，包括来自非洲的黑人。这些侨民在长安永久居留，开设商店酒家，有的与中国人通婚，连姓氏都趋于中国化；有的学习汉语，达到很高文学造诣，还去参加了科举考试，成为政府官员。再如，公元5世纪前后，欧洲曾出现大规模人口迁徙。南下的日耳曼人最终导致罗马帝国日耳曼化。然而，在地理大发现以前，人类社会的这种流动和迁移还只是较小规模。

著名历史学家斯塔夫里阿诺斯在《全球通史》中指出，"1500年以前，人类社会均处于不同程度的彼此隔离的状态之中，但1500年是人类历史上的一个重要转折点"。1500年后，随着地理大发现和西方殖民扩张，人类的流动和迁移在全球铺展开来。此时的人口流动和迁移主要有三个方向，即从欧洲流向美洲新大陆、奴隶贸易流向美洲和亚洲，以及欧洲工业革命后城市化兴起，人口在欧洲国家之间流动，劳动移民增多。

1500年后，大批移民从葡萄牙、西班牙、英国、法国、荷兰等资本主义国家迁往所谓的美洲"新大陆"、亚洲和非洲。这些殖民者最初是冲着"新大陆"和东方的黄金、香料而去，后来随着工商业的发展，欧洲国家急于寻找海外的原料和市场，而拥有众多人口和广阔市场的未开发大陆和东方国家成为欧洲殖民者的首选，这是殖民者向外迁移的主要"推力"和"拉力"。1588年，英国击败西班牙"无敌舰队"，在全球建立殖民帝国，越来越多的欧洲人开始向外迁移。仅18世纪后半叶，就有近百万欧洲人迁往海外，其中，英国人占三分之二。19世纪，从欧洲迁往美洲的人口继续增加，到20世纪初达到最高峰，平均每年约150万人。从1800年到1930年间，有4000万欧洲人永久迁移

第六章

到海外，大多数迁移到了美洲地区和澳大利亚。欧洲人向海外迁移，主要是由个人的意志所驱动，即所谓的"自由迁移"（free migration）。自由迁移者大多数年轻有为，富有理想、敢于冒险，或者不满于当时的政治经济环境，愿意充当开路先锋。中国明清之际，大批华人"下南洋"也是"自由迁移"的典型案例。

与"自由迁移"相对，人口流动迁移的另一种类型是被迫或强制迁移（impelled or forced migration）。被迫或强制迁移主要是由外在压力所致，比如政府的移民政策等。被迫迁移的移出者一般有权选择"走还是不走"。但在强制迁移中，移出者无权选择，比如殖民主义时期的黑人奴隶和"华人猪仔"。1441年，在欧美地区，葡萄牙人把10名黑人带回里斯本售卖，拉开黑人奴隶贸易的序幕。葡萄牙之后，西班牙人开始贩卖黑奴。从15世纪中叶到17世纪，西班牙人将50万黑奴运往美洲，获利5000万里弗尔。17世纪中叶后，荷兰、英国殖民者先后垄断奴隶贸易。1701—1810年，英属殖民地共输入约140万奴隶，法属殖民地输入约134万奴隶，荷属殖民地输入约46万奴隶。由于人量黑奴的到来，加勒比海岛屿上的黑奴人数剧增。

在亚洲，当殖民主义者染指亚洲时，大批亚洲人特别是华人沦为所谓的"猪仔"，被掠往世界各地，尤其是被运送到古巴、秘鲁等美洲国家和东南亚的印尼、马来西亚。早在17世纪前期，荷兰东印度公司就拐卖华工到东南亚。英国人统治期间，被贩卖到东南亚的华人苦力大幅增加。以马来亚为例，1881—1930年，到达海峡殖民地的华人共计830万人次，其中70%是"猪仔"。换言之，半个世纪以来，到达海峡殖民地的华人苦力达600万人，平均每年10余万人。1874年《邦咯条约》签订后，大量的"猪仔"从新加坡和槟榔屿被运往马来亚各邦，开发甘蔗园和橡胶园。这些所谓的"猪仔"从事的大多是"三D劳动"，即肮脏（dirty）、危险（dangerous）和困难（difficult）的劳动，一些人的工作环境极其恶劣，工作地点甚至有老虎出没，一不小心就会落入虎口。有关黑奴贸易和"猪仔"为什么会出现，西方学者推崇的"双重劳动力市场理论"（Dual Labor Market Theory）认为，一个国家存在双重部门的劳动力市场，即一个是具有稳定雇用年限、高工资、高福利和良好工作环境的劳动力市场第一部门（上层市场），另一个是不稳定、低工资、低福利和恶劣工作环境的劳动力市场第二部门（下层市场）。本国的劳动力不愿进入下层市场工作。于是，雇主便通过雇佣国际移民来填补空缺，人口迁移由此发生。

除"自由迁移"和"被迫强制迁移"外，工业革命后，人类社会出现另一种更常见的迁移方式，即"大规模迁移"（mass migration），即当"自由迁移"发展到一定阶段，迁移就会形成一种社会模式，也就是出现大规模的人员迁移。大规模迁移最为典型的表现就是城市化。

第六章

现代意义上的城市化源自工业革命。当殖民主义向全球扩张时，工业革命席卷资本主义世界，现代城市化进程开启。18世纪60年代，第一次工业革命在英国爆发。蒸汽动力的发明和应用，推动了许多工业城市的形成，大量的农村人口向城市流动迁移，引发了轰轰烈烈的城市化进程。1851年，英国已有约50%的民众生活在城市，城市人口首次超过农业人口。被英国作家笛福称为"英国最大村落"的曼彻斯特在17世纪后半期人口仅有2000人。第一次工业革命发生后，棉纺织工业在此发展起来，人口大量涌入。到1757年时，曼彻斯特的人口增加至19839人。1830年，曼彻斯特的人口规模已达到18万人，多数移民为爱尔兰人。到了1870年，仅有23%的英国劳动力还在务农，大多数人都已前往城市务工。与此同时，大量英国人还迁移至美国。从1800年至1860年间，美国的外来移民中有约66%来自英国、22%来自德国。19世纪80年代，第二次工业革命爆发后，法国进入工业集中化阶段，形成了一些政治、商业和工业中心城市，农村人口大多流向城镇。1911年，法国的外籍劳工人数达到120万，这些人大多来自意大利、比利时、德国、瑞士、西班牙和葡萄牙，主要在农业、矿业等领域劳作。在德国，外籍劳工在工业化进程中扮演了不可替代的角色。1907年，德国共有95万名外籍劳工，主要来自意大利、比利时、荷兰和波兰。其中，30万人从事农业生产，50万人从事工业生产，8.6万人从事贸易和交通运输。然而，大量劳工的涌入引起了德国当局的紧张。1885年，普鲁士政府曾驱逐4万余名波兰人，并关闭边界。但波兰劳工被驱逐后，当地劳动力损失三分之二，经济发展受到影响。1890年，政府不得不重新招募波兰人为临时季节性劳工，从事农业和工业生产。到1913年，德国鲁尔工业区吸引了41万名矿工，其中16.4万人来自波兰。

二战后，随着发达国家经济发展，发展中国家摆脱殖民主义统治并逐渐走上工业化道路，人口流动和迁移进入新的阶段。1945—1970年，发达国家大规模投资，致使西欧、北美地区和澳大利亚的工业区吸引了众多发展中国家的劳工。1970—1980年，亚洲国家的国际移民急剧增长。冷战结束后，亚洲内部的人口流动成为国际人口流动迁移的主要部分。与此同时，难民开始大规模涌现，成为国际社会一个棘手的难题。

中国的城镇化是亚洲国家人口内部流动的典型案例。中国的大规模城镇化从1978年改革开放后拉开序幕。大量人口从经济发展水平较低的中西部地区流向经济发达的东部地区。1980年，中国的市镇人口仅1.9亿人，城镇化率19.39%；1991年市镇人口增加至3.1亿人，城镇化率达到26.37%，城市总数从1980年的223个，增加至476个；2000年，中国的市镇人口达到4.6亿人，城镇化率增加至36.09%，城市总数增加到663个。1978—1999年，迁移至城镇的农村人口占城镇增长人口总数的75%。

人口的城乡流动成为推动城镇化进程的重要力量。2011年，中国的城镇化率达到51.27%，城镇人口首次超过农村人口。2019年，中国的城镇人口为8.48亿人，城镇化率突破60%。2021年第七次人口普查数据显示，2020年，全国流向城镇的人口为3.31亿人，占流动人口总数的88.12%，较2010年提高3.85个百分点，其中从乡村流向城镇的人口为2.49亿人，较2010年增加1.06亿人。我国城镇常住人口总计90199万人，常住人口城镇化率达63.89%。

与工业革命时期相比，二战后的城市化进程有一个显著特点，即人口的迁移和流动主要是二元经济结构所致。一般而言，发展中国家在摆脱殖民统治取得独立时，大多数国家的经济结构仍然以农业为主，或者是具有浓厚的殖民主义特色，工业基础较弱，机械化生产和商品经济并不发达。但随着经济不断发展，城市中的工业逐渐发展起来，城乡二元经济结构形成。此时，农村剩余劳动力开始向城市间转移，大规模的人口迁移由此形成。

人口迁移的红利

人口的流动迁移是一把双刃剑。从积极方面看，人口流动迁移对接收国和输出国是互利共赢之事。对接收国而言，人口流动迁移将极大弥补所在国的劳动力人口，促进经济社会发展，推动城镇化进程。同时，外来移民也带来自身独特的文化，与当地文化融合共生。对输出国来讲，人口的流动迁移可转移国内剩余劳动力，缓解就业压力，外劳带回的侨汇收入将带动国内经济发展。

如何看待外来劳动力，迄今仍众说纷纭。有人认为，海外劳工会抢占当地就业机会和社会福利资源，造成本地市场失业率增加，因而极力反对外来劳工。然而，如果没有大量的外来劳工，很多国家的公共服务系统、甚至是专业技术领域可能陷入瘫痪，经济和社会发展也将停滞，人口老龄化趋于严重，经济加速衰退。

比如，马来西亚自20世纪70年代开始就大量引进外国劳工，以弥补当地劳动力缺口。到2020年时，马来西亚的合法外劳人数已达200万，约占国内总人口的10%，非法劳工则达400万人之多。马来西亚引进的外国劳工，主要在工厂就业，从事种植业、建筑业和服务业工作。世界最大穆斯林国家印尼因与马来西亚地理相邻且劳动力相对过剩，成为马来西亚劳工引进的主要来源地。马来西亚引进大量外国劳工，主因是经济持续增长，对劳动力需求迅速增加，但国内劳动力无法满足需求。比如，1987—1997年间，马来西亚年均经济增长率为8.7%，对劳动力需求年均增长率为3.7%，而同期国内劳动力年均增速仅为3.1%。

与马来西亚情况类似，外来劳动力也成为欧洲一些国家的重

第六章

要资源。比如2000年，为弥补短缺的150万技术劳工，德国政府宣布了一项批准3万余名非欧盟成员国的外籍电脑专业技术人员入境的计划，并给予这些人5年工作签证和不低于4.7万美元的年薪；同时对劳动力紧缺的行业，允许每年移民2万人。无独有偶，2000年，美国政府为弥补本地劳工缺口，招募42万外籍专业技术人员，并给予他们合法的H—1B签证。事实上，海外劳工对接收国的贡献不仅仅在于为当地提供劳动力。英国的一项研究发现，与享受的公共福利相比，海外移民对当地税收的贡献要高出10%。

在海外劳工中，华侨华人是一个重要组成部分。海外华商出现于宋元时代，形成于明清时期，至晚清逐渐向美洲、东南亚、大洋洲和欧洲扩展。不论在历史上还是在现实中，华商都为所在国的经济与社会发展做出了卓越贡献。比如，1860年，美国的华人劳工总数达35000人。1864年，华人参与修建美国的中央太平洋铁路，工作异常艰苦、环境异常恶劣导致大量华工死亡。1867年1月，中央太平洋公司在旧金山《飞龙报》上用中文刊登招工广告，声称公司会派轮船去中国"唐山"接华工。1870年，即铁路修建完工后的第一年，在美国的华人劳工达63200人，其中很大一部分在铁路上工作。

再如，在澳大利亚，由于政府实施所谓的"白澳政策"，华人在澳大利亚受到歧视，其生产和生活受到较大限制。尽管如此，华人与各国移民一道开创了澳洲的新天地，对澳大利亚的经济与社会发展做出重要贡献。澳大利亚人类学学术委员会委员、著名作家艾瑞克·罗斯在《旅居者们》中这样写道："没有华人，澳大利亚的土地会比目前的规模要小，很可能没有北领地。由于华人商贩的出现，位于北昆士兰美丽的城市凯恩斯得以存活。华裔菜农在澳大利亚人丢弃凯恩斯移居道格拉斯后，留在了凯恩斯，并使当地免于坏血病之灾。后来，在19世纪的后30年中，他们又生产出占全澳3/4的蔬菜，拯救了整个澳大利亚。华人的厨师、菜农改善了遍及澳大利亚各地的畜牧场及荒僻的地区。华裔渔民为海滨和内陆的城镇引进了第一批活鱼。在昆士兰，华裔农民首先种了大米、玉米、花生、菠萝和香蕉。"

  海外劳工不仅对接收国的经济发展做出了巨大贡献，也给输出国带来可观的海外侨汇。菲律宾是世界外劳输出和侨汇收入大国。早在20世纪70年代，大量的菲律宾劳工就涌向美国、加拿大和澳大利亚谋生。菲律宾劳工因受教育程度较高，熟练掌握英语，受到国际市场的普遍欢迎。1974年5月，菲律宾政府颁布《劳工法》，保障海外劳工的权益。法律规定，国家要通过综合推介和开发计划促进菲律宾人赴海外就业，并提供最优的就业条件和充分及时的经济、社会和法律服务。1977年5月，菲律宾总统马科斯根据No.537许可令成立"海外劳工福利与培训基金会"（1987年更名为海外劳工福利管理局），保护在国外工作的菲律宾劳工和其他劳务人员及家属利益。正是有了有力的法律保障和政府的大力支持，20世纪80年代后，菲律宾的海外劳工大幅增加。1984年，菲律宾外劳达30万人，比1974年的3.5万人增加89%。从1975—1991年，菲律宾输出的外劳从3.6万人增至70万人，增加近20倍。鉴于海外劳工的重大贡献，自1995年起，政府把每年的6月7日定为"海外劳工日"。每年圣诞节前夕，菲律宾总统还率领政府官员到机场迎接从海外归来的"国家英雄"。1997年亚洲金融危机时，菲律宾在世界各地的劳工增加至约56万人。美国、沙特、新加坡、日本等是菲律宾外劳的主要接受国。

2019年，菲律宾的海外劳工人数达216万人，约占菲律宾总人口的十分之一，主要从事家政、零售、建筑、海员、医疗卫生、艺术表演等非技术类行业，女性多于男性。菲律宾女佣成为世界知名的家政服务品牌和国家"名片"。菲律宾劳工每年从海外汇回他们的劳务所得，支撑国家的经济发展，数量可观。1995年，菲律宾的侨汇首次突破50亿美元，2000年后逐渐攀升，并于2005年突破100亿美元，2010年突破200亿美元。2020年，尽管受到新冠肺炎疫情影响，但菲律宾的海外侨汇收入仍然高达349.1亿美元。菲律宾外劳汇款对菲律宾迅速摆脱危机影响发挥了重要作用。据估计，一名外劳可养活8—10名菲律宾人，一个家庭中如有一人在海外工作就可保全家衣食无忧。

实际上，不仅是菲律宾，近年来随着海外移民增加，海外侨汇在全球许多国家已成为国家重要的外部资金来源。比如，2013年，塔吉克斯坦和吉尔吉斯斯坦接收的侨汇分别高达本国GDP的42%和32%，在全球名列前茅。2019年，撒哈拉以南的非洲共获得侨汇收入490亿美元，比2010年增长了50%，此收入超过了当年外国对非洲发展援助和外商投资的总额，成为非洲大陆主要的资金来源。2020年，全球侨汇收入总计7020亿美元，印度、中国、墨西哥、菲律宾和埃及为主要海外侨汇的接收国；美国、沙特等国则为全球主要汇款来源地。

海外侨汇对国家经济建设有重要作用，或用于弥补母国的外汇短缺、补偿财政赤字，或增加投资消费、促进就业增长，再或是减缓贫困、缩小收入差距。比如，20世纪90年代，巴基斯坦170个小镇移民家庭中，32%的家庭将侨汇用于投资；墨西哥44个城市中小企业投资的20%（18.5亿美元）来自侨汇。再如，20世纪末21世纪初，厄瓜多尔经历严重经济危机，其国际侨汇却由1997年的6.43亿美元激增至2001年的14亿美元，成为仅次于石油出口的第二大外汇来源，在抵御金融危机中起到缓冲器作用。

另一方面，人口流动迁移往往带来多元文化的碰撞和交融，这在今天的东南亚体现得尤为明显。东南亚深受印度文化、中国文化、伊斯兰文化、西方文化及本土文化影响，具有浓厚的多元主义特色。比如，在印尼，虽然全国约87%的人口信奉伊斯兰

第六章

教，但婆罗门教、印度教的影响深远，痕迹随处可见。人们熟知的旅游胜地巴厘岛、世界最大佛塔婆罗浮屠塔和印度教神庙普兰班南神庙都是印度文化的遗迹。其中，普兰班南神庙中间广场的6座神庙，主庙是湿婆庙，北边是毗湿奴庙，南边是梵天庙。3座主庙前还有3座较小的神殿，分别供奉着湿婆、毗湿奴和梵天的坐骑公牛南迪 (Nandi)、雄鹰伽奴达 (Garuda) 和鹅 (Angsa)。而婆罗浮屠塔、普兰班南神庙的浮雕大多取材于印度史诗《罗摩衍那》。与此同时，在印尼，西方文化和中国文化的踪迹也随处可见。比如，首都雅加达拥有印尼全国最大的清真寺伊斯蒂赫拉尔清真寺，而在清真寺的正对面就矗立着一座天主教的大教堂，伊

< 婆罗浮屠寺的佛像

斯兰教和基督教两种宗教文化和谐相处。至于中国文化，印尼今天约有1000万左右的华人，多数信奉佛教。华人还办有华文媒体，华人春节已成为印尼的全国性节日。

此外，农业文明也随着人口的流动迁移传播至世界各地。比如，马铃薯最早出现在南美洲的安第斯山脉及附近沿海一带的温带和亚热带地区，1570年从南美洲的哥伦比亚引入了欧洲的西班牙，进而又传播到亚洲、北美、非洲南部和澳大利亚。再如，玉米原产于南美洲，由于西欧殖民者入侵美洲后，玉米种子被带到了欧洲，之后玉米又在亚洲和欧洲广泛种植。16世纪中期，中国引进了玉米。

"外来者"也可能是隐患

说起人口流动迁移，迁移适应问题，即"外来者"如何适应一个新的国度，所在国政府和社会又如何接受一个全新的"外来者"，是一个永恒难题。若"外来者"无法适应新的国家，可能引发政治、经济和社会纷争。此外，随着全球化时代的到来，国际人口流动加速，恐怖主义等非传统安全问题日益凸显，并逐渐显现出跨国性的特点。

比如，人口流动迁移可能使恐怖组织之间的联系得到深化，

第六章

增加跨国恐怖主义威胁。2002年印尼巴厘岛恐怖袭击的罪魁祸首——"伊斯兰祈祷团",虽为一个印尼的恐怖组织,但其在马来西亚、新加坡、澳大利亚设有分支机构,并一直利用菲律宾的反政府武装"摩洛伊斯兰解放阵线"、阿布沙耶夫恐怖组织等,训练菲律宾恐怖分子如何制造炸弹及策划恐怖袭击,同时招募马来西亚、印尼及中东地区的新成员加盟。该组织主要头目巴希尔(Abu Bakar Basir)、汉巴里(Hambali)是印尼人,但经常前往马来西亚宣讲伊斯兰极端主义。汉巴里还曾在马来西亚首都吉隆坡和雪兰莪州的一个海边小镇定居。该组织另一重要头目炸弹专家胡辛(Azahari Bin Husin)则是马来西亚人,他经常在马来西亚、印尼、菲律宾和阿富汗之间流窜,在菲律宾学习炸弹技术,涉嫌参与包括2003年印尼万豪酒店爆炸案、2005年巴厘岛第二次恐怖袭击等重大恐袭案件。美国悬赏1000万美元逮捕的印尼恐怖分子杜尔马汀,据传也经常在印尼与菲律宾南部之间来往。

2003年5月,"伊斯兰祈祷团"3个成员曾流窜到柬埔寨作案,企图在柬埔寨发动恐怖袭击,但被当地警方抓获。同年6月,"伊斯兰祈祷团"的6名恐怖分子又谋划在泰国的西方国家使馆及芭提雅、普吉岛等旅游景点制造爆炸,并企图在10月的亚太经合组织领导人会议上搞破坏,最终被警方逮捕。

此外,随着国际移民的增加,实施恐怖袭击的恐怖分子入境方式更加隐蔽化、多样化。恐怖分子在发动大规模恐怖袭击时,一般提前申请合法证件公开入境。如，在"9·11"事件中，19名劫机犯中有3人持学生签证入境美国，另两个劫机犯谢赫和阿塔则持旅游签证入境。与此同时，恐怖分子可能利用入境监管漏洞，赴全球各地流窜勾连。比如，由于边境管控松懈，监管力度不足，近年来，越来越多的恐怖分子将东南亚作为其偷渡至土耳其、叙利亚的中转站。

人口流动迁移除增加跨国恐怖威胁外，也可能危及国家主权，比如马尔维纳斯群岛问题。马尔维纳斯群岛（英国称福克兰群岛，以下简称马岛），位于大西洋南端，距离阿根廷海岸大约480公里，包括大马尔维纳斯（西福克兰岛）、索莱达（东福克兰岛）两个主岛及周围200多座小岛，首府是阿根廷港（斯坦利港），面积1.22万平方公里。迄今为止，马岛的归属问题一直存在争议，其中一个重要原因就与英国的移民有关。历史上，英国大力推动居民移居马岛，致使今天马岛上97%的居民都是英国后裔，讲英语，多信奉基督教。作为英国后裔，马岛居民一直对英国怀有强烈的归属感。目前，马岛当局的国防支出由英国负担；马岛的主要贸易对象是英国、智利、西班牙，与阿根廷本土之间的经济联系并不紧密，马岛居民对阿根廷的认同感很低。若采取居民自决原则，毫无疑问英国人将继续牢牢掌握马岛。

此外，人口流动迁移可能引发社会安全问题。二战以后，印尼的工业化进程加快，农村移民大量进入城市，城市的规模也随之扩大。1965 年，印尼城市总数超过 20 个，城市人口达到 1500 万，其中雅加达人口超过 300 万，泗水和班东的人口超过 100 万。20 世纪 80 年代初，印尼的城市人口大约 3290 万，人口城市化率达到 22%，人口超过 50 万的大城市有 9 个，全国城市人口总数飙升到 3100 万。爪哇岛为全国城市人口聚集地，该岛的城市人口占全国城市人口总数的 70%，城市化水平达到 36%。到 1990 年时，首都雅加达已全部实现城市化。印尼与泰国、马来西亚、菲律宾一道迈入了亚洲"四小虎"的行列。然而随着农村移民的大量涌入，诸如住房困难、交通拥堵、环境恶化、犯罪率增加、粮食短缺、贫困人口激增等问题逐步凸显。其中，粮食安全问题日益严峻。历史上，大米是爪哇最重要的商品，当时东南亚最繁华的都市马六甲的大米主要靠爪哇供应。但到 1945 年独立时，印尼的稻米产量滞后于国内需求，不得不进口。20 世纪 70 年代末，印尼成为世界上主要大米进口国之一。1984 年，印尼水稻产量实现自给自足。但 20 世纪 90 年代后，印尼将发展重心转向工业，稻米产量一路下滑。1995—1996 年，印尼虽再次实现大米自给自足，但此后粮食供应又难以满足需求。

  印尼粮食安全问题凸显主因是农村土地被占用。由于绝大多数的印尼民众生活在爪哇岛，但爪哇岛的土地仅占全国总面积的 6.8%，这导致土地利用问题日益紧张。随着城市、道路、住宅、工业设施等用地不断扩张，乡村耕地被占，可耕地面积不足情况严重。据统计，印尼每年有 11 万公顷农田改变用途，造成粮食减产、供不应求，对农业的可持续发展构成威胁。如 1983 年，爪哇地区的水稻种植面积为 550 万公顷，到 1993 年时减少为 460 万公顷，平均每年减少 9 万公顷。大量水浇地转变为非农业用地，稻米产量由占全国的总产量的 60% 降为 56%。

除粮食安全外，低质的城市化也可能导致穷困、贫富两极分化、社会治安恶化等。比如，在拉丁美洲，从农村转移到城市的大量人口集中居住在大中型城市，但这些移民经济实力差，大部分住在贫民窟，贫困和治安问题突出。2004 年，拉美的贫困人口达 2.72 亿，占地区总人口的 44%，其中极端贫困人口占 20%，是世界上贫困率最高的地区之一。2019 年，拉美的贫困率和极端贫困率从 2018 年的 30.1% 和 10.7% 分别增至 30.8% 和 11.5%。同时，拉美国家社会治安形势不断恶化，暴力斗殴、吸毒贩毒、抢劫杀人等事件发生率较高。例如，巴西第二大工业基地里约热内卢有世界上最大的贫民窟，暴力犯罪事件数量居世界前列，毒品泛滥成灾。

人口流动迁移一方面导致城市化发展，但另一方面也会导致大量人口流失，造成严重的人口危机。在这方面，俄罗斯的情况较为典型。

西伯利亚和远东地区是俄罗斯国土中最辽阔的地区，但同时也是人口分布最少的地区。两个联邦区下辖 26 个联邦主体，但人口只有2622.3万，仅占全国人口的18.37%。20世纪90年代以来，俄罗斯爆发人口危机，西伯利亚和远东地区的人口大规模外流。

20世纪90年代，俄罗斯北部和东部地区的人口明显减少。1992—1999年，仅北方地区由于移民外迁就损失100多万人，相当于当地人口的8.5%。1992年，西伯利亚的人口达2114.89万，为历史峰值。但到2006年时，人口骤降至1967.63万，平均每公里不到3.85人。其中，埃文基自治区人口降幅达到28.2%。在远东地区，1991年，人口最多时达806.36万，但到2006年降至654.69万人，减少151.67万人，降幅18.8%。全区人口降幅均超两位数，其中马加丹州人口减少55.4%，楚克奇自治区人口降幅达68%，年均人口减少4.5%。2006年12月，普京总统主持俄罗斯安全会议，强调西伯利亚和远东地区最复杂的问题之一是人口流失，平均每天有274人离开，最近15年内当地居民数量下降20%。进入21世纪，西伯利亚和远东地区的人口流失问题仍未有好转。2010年，西伯利亚联邦区人口总数较1990年减少154.4万，较2000年减少90.3万。远东地区，2010年人口减少至628.4万，比1990年的806.4万减少178万，其中只有22.55万人是自然损失，其余的155.45万人为迁出居民，占人口流失的87.33%。

人口流失的另一个重要问题是人才外流。人才外流大多表现为发展中国家的人才流向发达国家。如1978—1985年，牙买加培养的医师流失80%。1990年美国人口调查数据显示，约6%的菲律宾、南非人才和13%的墨西哥人才流向美国。1994—1999年，美国放开了三十余万名具有高等教育学位的移民入境，致使12.4万印度人、6.8万华人、5.7万菲律宾人、4.9万加拿大人和4.2万英国人流入美国。国际货币基金组织称，亚洲国家专业人才流向发达国家情况严重。比如，伊朗流失人才占总人口的25%，韩国占15%、菲律宾占10%，印度占3%，中国占3%。1999年，联合国教科文组织的研究指出，至少有40万名发展中国家的科学家和工程师移民至发达国家。

人才大量外流原因是多方面的。一些人是为了寻求更好的待遇和生活而远走他乡，即所谓的追求"幸福的最大化"。比如南非的小学老师和护士，2000年时月薪仅450美元，因此不得不前往英国、澳大利亚寻求更好的待遇。发达国家往往能够为优秀人才提供优渥的待遇和条件。比如1998年，法国斥资1700万美元吸引外国学生。2000年，英国投入700万美元，用以提高英语高等教育市场的比重至25%，大力吸引外国学生学习英语。正是如此优厚待遇和条件的吸引，很多外国学生前往欧美留学后更愿意留在当地。

此外，人才流失还有另一个重要原因，即因为相关国家的政策所致。比如，马来西亚拥有较为齐备的中文学习教育体系，但是马来西亚华文独立中学的文凭一直未得到马来西亚政府的认可。因此，一些从华文独立中学毕业的学生难以在马来西亚国内继续深造，只能选择前往新加坡、澳大利亚、中国、美国、日本以及欧洲等国接受高等教育，毕业后留在当地工作。

在人口流动迁移中，难民问题最为棘手。难民问题古而有之。1492年，西班牙女王颁布法令，强迫民众信奉天主教，造成20万犹太人逃亡；1685年，随着南特敕令的终结，100万胡格诺教徒逃离法国；20世纪，两次世界大战造成大量难民。进入21世纪后，战乱和气候难民问题愈发凸显。据联合国统计，2020年，全球逃离战争、暴力和迫害的人数上升至8240万人，比2019年的7950万人增长4%。《2022年全球重新安置需求》报告显示，世界上近90%的难民被收容在发展中国家。其中，叙利亚的难民人数连续六年超过61万人，为全球重新安置需求最高的国家，其次为刚果（金）（需安置难民占全球10%）、南苏丹（9%）和阿富汗（7%）。难民已成为国际社会的一个特殊群体，如何处置难民成为各国政府的棘手难题。比如，缅甸的罗兴亚人问题：

缅甸的罗兴亚人约200万，是缅甸穆斯林人口中的一个最大族群，主要生活在若开邦与孟加拉国接壤的三个城镇，即孟都、布帝洞、貌夺。大约从20世纪70年代末起，大批罗兴亚难民从缅甸逃亡。1988年，若开族领袖呼吁抵制罗兴亚人入侵，罗兴

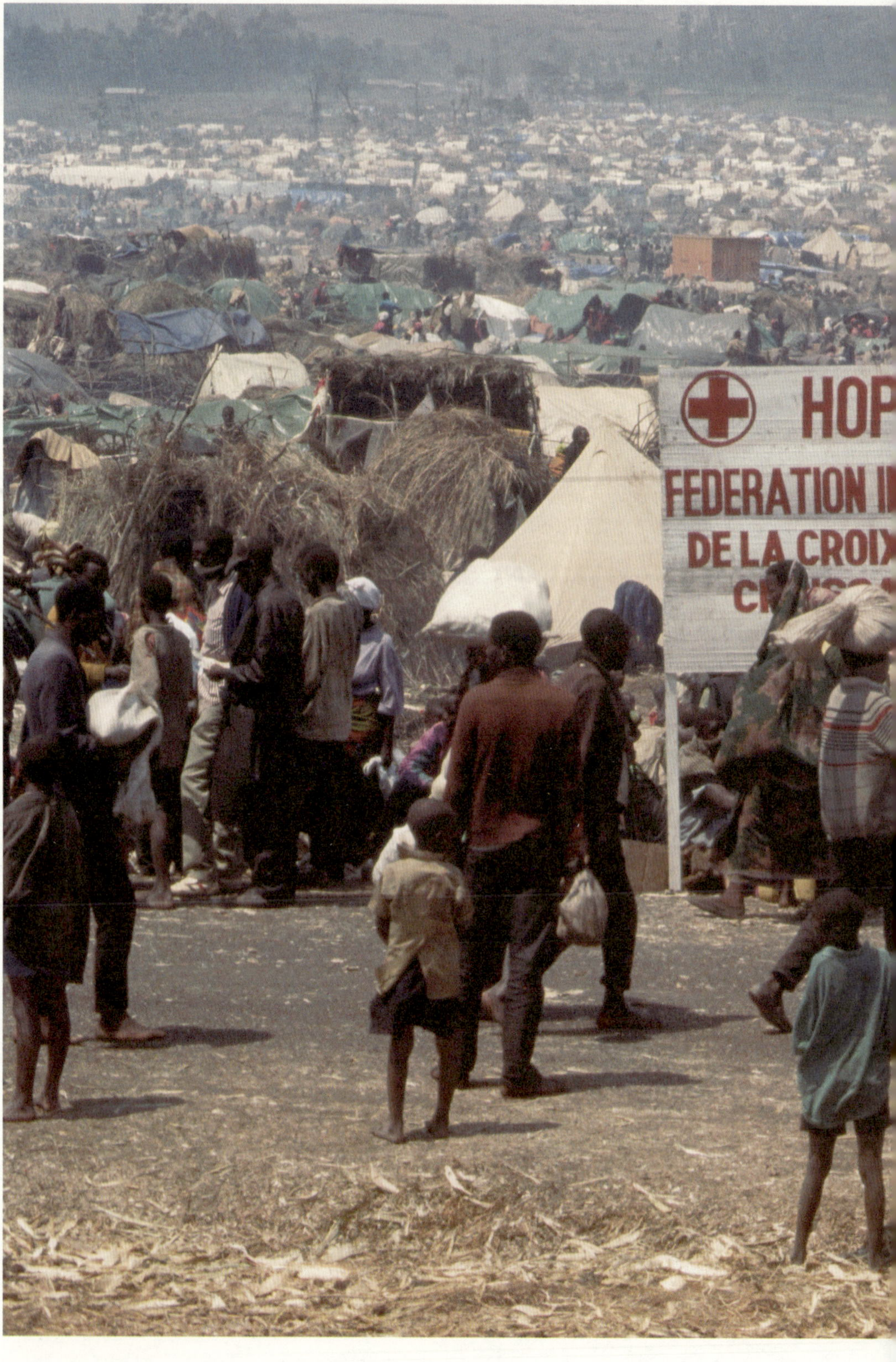
HOP
FEDERATION I
DE LA CROIX

扎伊尔难民营

亚人遭大规模袭击。1991—1992年，25万缅甸罗兴亚难民逃往孟加拉国。1992年2月，全球46个国家呼吁缅甸政府停止迫害穆斯林。20世纪以来，罗兴亚人在缅甸处境并未好转，逃亡事件频仍。2012年至今，缅甸若开邦信奉佛教的若开族人、缅族人与信奉伊斯兰教的罗兴亚人冲突频发，累计造成上百万罗兴亚人逃离缅甸。

比如，2015年1—3月，2.5万罗兴亚难民被运送至难民船，一些难民因饥饿、脱水或受虐致死，一些因抢夺食物而相互残杀，只有部分难民到岸获救。2015年5月14日，一艘载有450名罗兴亚难民的船只进入泰国海域。泰国海军在对船只修理和补给后将船推向公海。此后这艘难民船漂移到马来西亚、泰国和印尼海域边境。截至2015年5月底，至少有5000名缅甸和孟加拉国的难民被蛇头抛弃在孟加拉湾和安达曼海上，遭到泰国、印尼、马来西亚等国的驱赶，大批罗兴亚人葬身大海。2017年8月，罗兴亚极端组织"罗兴亚救世军"（ARSA）袭击若开邦北部数十处警察哨所，数百人丧生，此后政府军展开大规模反击，导致近百万罗兴亚人逃离家园，涌入孟加拉国。目前，生活在孟加拉国的罗兴亚难民缺衣少食、居住环境恶劣，面临冲突骚乱且人身自由受限。与此同时，东南亚的恐怖组织"伊斯兰祈祷团"还乘机在马来西亚招募逃亡的罗兴亚难民，并将招募到的人员转移至印尼和泰国南部，参加恐怖主义培训。

第六章

　　罗兴亚难民问题产生的原因是多元的，比如，罗兴亚人与缅甸佛教徒积怨很深，经常遭不公正待遇，宗教文化冲突时有发生。再如，罗兴亚人的公民身份一直未得到缅甸政府认同。缅甸政府和主流社会也均不承认，认为其是英国殖民缅甸期间从英属孟加拉地区引入若开的穆斯林移民，称之为孟加利人（Bengali）。英国殖民当局用这批移民充当劳工和镇压若开当地民族，从此埋下了若开邦罗兴亚人与当地民族之间的仇恨种子。1982年，缅甸颁布《缅甸公民法》，规定要成为缅甸合法公民，必须提供身份证明材料，即证明祖辈在1823年前就已在缅甸长期居住。如果无法提供，则被视为非法移民。但大部分罗兴亚难民无法提供身份证明，因而难以成为缅甸的合法公民。

　　综上所述，人口的流动和迁移不仅关乎一个国家的发展和安全，而且是一个具有跨国性质的重要国际问题。面对人口流动和迁移带来的双面效应，需要坚持总体国家安全观，以人民安全为宗旨，政治安全为根本，统筹发展与安全两件大事。一方面，要用好人口流动和迁移的红利，增强发展的全面性和可持续性，也要注重在发展中促进国家安全，从源头上预防和减少安全问题的产生。另一方面，要坚持综合安全、共同安全、合作安全、可持续安全理念，与国际社会一道，同心协力，妥善应对人口流动迁移带来的地区和全球性挑战，维护自身安全与世界和平。

参考文献

1. 姜洪:《世界经济论纲——典型与非典型发展道路研究》,中国人民大学出版社 2012 年版。
2. 杨云彦:《中国人口迁移与发展的长期战略》,武汉出版社 1994 年版。
3. Stephen Castles, Mark J. Miller 著,赖佳枫译:《移民:流离的年代》,五南图书出版公司 2008 年版。
4. 韦红等:《东南亚国家城市化与乡村发展研究》,高等教育出版社 2016 年版。
5. 程亦军:《俄罗斯人口安全与社会发展》,经济管理出版社 2007 年版。
6. 柏杨:《中国人史纲(下)》,人民文学出版社 2011 年版。
7. [澳]艾瑞克·罗斯著,张威译:《澳大利亚华人史:1888—1995》,中山大学出版社 2009 年版。
8. 阮征宇:《跨国人口迁移与国家安全——一项非传统安全因素的研究》,暨南大学 2003 年博士论文。

第七章
美国还是"大熔炉"吗

第七章

美国著名史学家奥斯卡·汉德林曾说，一部美国外来移民史就是一部美国史。立国以来，移民美国的人数之众、来源之广，移民洪流持续时间之长、规模之巨大，在世界近现代史上可谓绝无仅有。近几十年来，随着移民的持续涌入和白人人口出生率的降低，美国人口的族裔结构发生显著变化，白人人口比例下降，少数族裔人口比例上升。预计到21世纪中叶，白人人口将失去多数地位。这一变化对美国政治、经济、社会、文化等各方面都产生了深远影响。其最重要的影响：一是重塑美国民族身份认同，动摇了白人盎格鲁—撒克逊清教徒（WASP）文化和价值观的主导地位；二是与经济结构转型、社会阶层变迁相互作用，进一步加剧了美国社会的分裂和动荡，甚至冲击着既有的宪政制度。如何基于人口形势变化维持族裔和文化多元化的特性并保持经济增长和发展活力，是这个"移民之国"面临的重要课题。

美国还是"大熔炉"吗

第七章

美国人的模糊面貌

2021年8月，因新冠肺炎疫情而推迟的2020年美国人口普查结果终于出炉。数据显示，美国人口总量为3.31亿人，2010年至2020年人口增速为7.4%，降至20世纪30年代大萧条以来的最低点。非西班牙裔白人人口数量首次减少，比例从63.7%下降至57.8%。而上一个十年，该群体人口还在以1.2%的速度增加。在加利福尼亚、夏威夷、新墨西哥三州和首都华盛顿特区，白人人口已不足半数。另外，少数族裔人口比例显著增加。拉美裔人口比例从16.3%上升为18.7%，黑人人口比例从12.2%略降至12.1%。亚裔人口占比从4.7%增加到5.9%。少数族裔成为美国人口增长的主要动力。在18岁以下人口中，白人比例从53.5%降至47.3%。拉美裔人口增长率虽较上一个十年降低20%，但人口增量接近全美总增量的一半。此外，由于跨族裔婚姻的增多，混血（多族裔）人口增加，从2010的900万人增至2020年的3380万人，增幅近三倍。主要的混血群体是黑白混血、白人和亚裔混血以及白人和印第安人混血。他们大都分布在纽约、洛杉矶等大都市以及阿拉斯加和夏威夷两州。

由此可见，白人人口少数化、少数族裔多数化正在成为当前美国人口变动的首要特征。有学者认为，当前美国已进入人口变动最剧烈的时代，人口变动冲击着美国社会的方方面面，也带来了变化和挑战。

在这场"族裔多样性大爆炸"中，拉美裔的崛起无疑是最重磅的。目前，拉美裔人口总数达到6210万，预计2060年将超过1.1亿。不仅在纽约、洛杉矶等东西海岸门户城市，甚至在得克萨斯、亚利桑那、佛罗里达等边境州，拉美裔面孔都随处可见。其中，佐治亚州的亚特兰大、北卡罗来纳州的夏洛特、内华达州的拉斯维加斯成为拉美裔的新集散地。

第七章

　　语言文化上的拉美裔化也很明显。在纽约、洛杉矶等大都市，以及佛罗里达、得克萨斯等州，西班牙语不绝于耳，英语似乎很少听到。2010年，全美5—17岁儿童有22%在家不说英语，比十年前增加了4%。其中2/3的儿童说西班牙语。在得克萨斯州和内华达州，超过1/3的儿童在家不说英语。在加利福尼亚州，接近半数的儿童在家不说英语。

　　在大众文化和生活习惯方面，拉丁风格的舞曲、乐队、嘻哈音乐正在风靡全美。比如，源自波多黎各的嘻哈音乐雷击顿（Reggaeton）逐渐跻身主流音乐行列。在纽约等大城市，墨西哥卷饼（burrito）、塔可夹饼（taco）等墨西哥餐遍布大街小巷，与三明治、汉堡等传统食品并驾齐驱，成为男女老少的新宠。墨西哥风味牛油果酱（guacamole）的销量近年来迅速攀升，大有超过番茄酱的势头。

　　佛罗里达州的迈阿密市是典型的拉美裔城市。三十年来，古巴裔已经在该市生活的几乎所有方面都占据优势，根本上改变了迈阿密的人口族裔构成和语言文化。2000年，迈阿密2/3的人为拉美裔，半数以上是古巴人及其后裔。居民中约有75%的人在家里只说西班牙语。而到2020年，拉美裔的比例达到71%，在家说西语的比例提高到77%。西语不但是多数家庭的语言，而且是商界和政界的首要语言。媒体和电信业也日益拉美裔化。1998年，一家西班牙语电视台一跃成为迈阿密收视率最高的电

美国还是"大熔炉"吗　　　　173

视台。

加利福尼亚、得克萨斯等边境州的一些地区甚至出现了民族分离倾向。早在1983年，社会学家莫里斯·雅诺威茨就指出"说西班牙语的居民强烈抵制同化"，"墨西哥人是独特的移民群体，长久保持强有力的族群纽带"，因此"墨西哥人，连同其他说西班牙语的人，正在制造美国社会政治结构的分权，几乎接近于民族分裂"。新墨西哥大学查尔斯·特鲁克西洛教授预言，到2080年，美国西南部几个州和墨西哥北部几个州将走到一起，成立一个新的国家"北方共和国"。学者罗伯特·卡普兰1997年评论说，在美墨两国边境的东段，"孤星州（得克萨斯州的别称）与墨西哥东北部的统一，是正在悄悄地和令人厌烦地进行之中的历史"。而在西段，加利福尼亚正迅速变成一个具有拉美裔特性的地方。

白人人口比例下降、少数族裔多数化的现状和大趋势影响着美国社会的方方面面，而其最深刻的影响莫过于对美国民族身份认同的挑战。

建国初期，同化是接纳移民的唯一形式。来自爱尔兰、意大利、波兰等欧洲国家的移民单方面向白人盎格鲁—撒克逊清教徒（WASP）模式转变，接受美式价值观。在同化模式下，母国身份被美国身份所取代，民族差异及其文化、社会习惯随之消失，多种族裔和民族认同消失，新的文化认同形成。该模式也称作

"撒克逊清教徒模式转变",不同代际、不同来源地的移民共享着盎格鲁—撒克逊清教徒文化,也即美国的主流文化。它包括从英格兰继承而来的政治体制、社会体制和习俗,最主要的内容有英语以及新教的理念和价值观。

毫无疑问,白人是美利坚民族身份认同以及白人盎格鲁—撒克逊清教徒主流文化的主体。历史上,美国白人为了维护这一身份和文化的单一性,施加了强大的外力影响。他们将自己明确区别于印第安人、黑人、亚洲人和墨西哥人,将后者排斥于美国社会之外。从屠杀和驱逐印第安人,到贩卖和使用黑奴,再到排挤华工,美国建国初期的族裔关系和移民政策被深深打上了种族主义的烙印。1790年的第一部《归化法》规定只有"自由白人"能成为美国公民。1857年在德雷德·斯科特案件的宣判中,首席法官罗杰·坦尼宣称,根据宪法,不仅黑奴,而且包括所有的黑人,都是"一种从属的和劣等的生物",没有资格享有公民权和自由权利。

内战结束之后,白人牢固确立了民族身份认同的最高地位。从19世纪70年代到20世纪70年代,是美国国民身份和国家特性的胜利时代。《1965年移民和国籍法案》出台后,美国面临来自拉美(特别是墨西哥)和亚洲地区的新一波大规模移民潮。前所未有的移民规模和增长速度,使移民单方面融入美国并被同化的传统方式难以为继。美国自身的文化多元性增强,固有的民族身份认同面临挑战。

20世纪80年代,大量亚裔和拉美裔移民涌入加利福尼亚,因此加州许多市镇不得不对商店招牌作出规定,要求招牌中至少应有一部分使用英文,以便"维护公共秩序"。波莫纳市一家亚裔美国人创办的商业集团对这一规定提出异议,并得到了联邦地方法院法官罗伯特·高杉的支持。他们认为,招牌是"原国籍、文化和种族属性的表现",因此对招牌加以管制违反了宪法第一条修正案和第十四条修正案。

21世纪初,美国学者亨廷顿的《谁是美国人》一书对美国民族身份认同面临的威胁发出了警示,引起强烈震动。他在书中断言,"美国信念"、英语和美国核心文化所受到的种族主义、双语主义和多文化主义的挑战,以及它们引起的反击,已成为21世纪之初美国政治生活中的重要内容。不难看出,亨廷顿的观点在20年后的今天依然适用,甚至还要加上着重号。

美国人的面貌之所以发生巨变,主要原因在于移民的持续涌入。关于移民的利弊之争也从未休止。2017年的一段时期,纽约市公交站点旁的公益广告牌上是一名戴着建筑头盔的移民工人头像,图下配文:Needed or in need?(被需要的,还是索取的?)他的眼神是人们再熟悉不过的,透着不安、疲惫和希望。当时,刚上任的特朗普政府出台了一系列限制移民的措施,似乎是给这辆快速行驶的移民列车按下了刹车键,给美国社会带来不小的震

第七章

美国非洲裔采棉工人

动。如何发挥移民的积极作用，是这个"移民之国"面临的既紧迫又长远的问题。

毫无疑问，无论是就个人命运，还是国家命运而言，移民对于美国的意义都非同寻常。中国学者梁茂信曾指出，如果说殖民地时代的移民是现代美国的奠基者，那么，19世纪和20世纪的外来移民则是它崛起不可替代的推动者和建设者。移民的到来不仅带来了劳动力本身，还带来了社会发展进步所必需的资本、技术和知识。在美国工业发展最关键的1870—1930年间，入境移民达3000多万，其劳动力价值超过数百亿美元。移民迁移美国不是一般意义上的人口大迁徙，而是人类财富的大转移。

在21世纪的今天，移民继续源源不断地为美国输送着劳动力。与人口老龄化更为严重、移民水平更低的其他发达国家如日本、德国、英国相比，美国的劳动年龄人口将在2010年至2030年保持超过5%的增速。如果没有拉美裔、亚裔、混血人口的加盟，美国的劳动年龄人口将减少8%。移民群体对美国经济的贡献还体现在其他经济领域。比如，与2000年相比，2017年拉美裔人口的购买力增加了250%，亚裔的购买力增加了270%。这两个群体的购买力占全美的18%，并将继续增加。

与此同时，认为移民危害社会，进而排斥移民、限制移民的观点和政策也长期存在。许多人认为，移民降低了技术水平较低的本地工人的工资，特别是对黑人和拉美裔本地人的冲击更大；移民的住房、医疗和教育需求加重了政府的社会福利负担，对普通纳税人不公。在各个历史时期，排外主义都以各种不同的面目出现，历届政府的移民政策或宽松，或严苛，总处于不断变动之中。

此外，非法移民确实对美国的边境安全造成了现实威胁。非法移民问题由来已久。20世纪70年代，大批非法移民的到来，猛烈冲击着竞争日趋激烈的美国劳务市场。他们正好填补了本地人和合法移民不能或不愿意从事的脏累和危险职业空缺。这种现象在农业、采矿、建筑、服装和服务等行业比较普遍。许多地区出现数目不详的地下黑工厂，专门招募非法移民就业。与此相关的伪造证件活动十分猖獗，从护照、身份证、绿卡、选民登记证到汽车驾驶执照和学生图书借阅卡等各种证件应有尽有。更为严重的是，黑工厂的雇主常常与伪造证件者和"蛇头"们串通一气，形成了一个个十分隐蔽的犯罪组织。到20世纪80年代初，用走私手段引导外籍人非法入境，已经成为美国非法移民问题的主要特征之一。移民归化局人力财力不足和设备陈旧等问题一直没有得到解决。边境巡防漏洞百出，处处有机可乘。

族裔多样化与新社会裂痕

长期以来，作为欧洲移民后裔的白人是美国人口的主体，白人盎格鲁—撒克逊清教徒文化是其主导价值观。历史上的几次移民潮和20世纪60年代的民权运动虽然挑战了白人的种族优越性，但并未撼动该群体在人口数量和价值观上的主导地位。随着1965年后拉美裔、亚裔移民的持续涌入，人口比例的下降逐渐强化了白人的族裔身份认同感和危机感。

随着人口出生率的降低和"婴儿潮一代"步入老年，白人人口的老龄化尤其明显。预计到2040年，白人中的65岁以上人口比例将达到27%，而少数族裔的老年人口比例仅为14%。白人人口的分布也呈现明显的地区差异。2000年至2010年，白人人口增速最快的州主要是亚利桑那、爱达荷、内华达、犹他等西部山区州，以及佐治亚、北卡罗来纳等东南部州。白人人口减少最快的州则包括加州、纽约等大都市和密歇根、俄亥俄、宾夕法尼亚等"铁锈带"州。在社会经济层面，白人内部的差异性很强。乡村地区，特别是白人人口减少的地区，比如中西部和南部的乡村地带，白人贫困率很高。在年轻人流失最严重的地区，白人人口的教育程度最低。长期以来，纽约、旧金山等大都市中受过高等教育的白人比例很高。近年来，得克萨斯州的奥斯汀、北卡罗来纳州的罗利、科罗拉多州的丹佛以及佐治亚州的亚特兰大，也成为白人受教育水平最高的地区。这些地区吸引了更多年轻的高学历人才。就政治态度而言，美国白人由不同时期来自欧洲各地的移民后裔构成，其在宗教、文化方面差别明显，因而历史上表现出不同的政治倾向。目前，白人内部不同年龄、性别、宗教、阶层、教育水平群体的政治态度和党派倾向存在显著差别。总的来看，白人总体上经济观念比较保守，社会观念趋于自由。他们的党派性基本上与自由、温和、保守的意识形态倾向一致，即自由派倾向民主党，保守派倾向共和党，温和派多"独立"于两党之外。

面对人口数量优势的逐步丧失，白人男性的不适感最为强烈。在社会经济层面，白人男性一直以来享有的经济、政治和法律特权面临挑战。特别是低学历、低收入的白人工薪阶层，在经济结构转型、传统生产模式和就业形势改变的浪潮中，逐渐被淘汰和边缘化。研究表明，在技术含量和学历要求较低的行业，白人男性在与少数族裔和移民工人的竞争中处于弱势地位。面对这一现实，白人男性的失落感和挫败感油然而生。他们感到自己的社会和经济地位一再降低，工作被外来移民抢走，文化被扭曲，语言被替代，国家特性被损害甚至消失殆尽，觉得这一切必须加以扭转。这种焦虑和愤怒日积月累，形成一股强大的政治力量，冲击着美国社会和政治体系的方方面面。它助推了"白人至上主义"的进一步发酵，推动白人男性走上街头，抗议示威，甚至暴力冲击国会。也正是深刻体察并充分利用了这种愤怒，前总统特朗普得以胜选并入主白宫。

人口结构"零和游戏"的另一方是少数族裔。随着拉美裔、亚裔等"新少数族裔"比例的持续扩大，美国社会的族裔关系超越了黑白矛盾，更趋复杂。一方面，少数族裔人口的政治经济影响力逐步增强，另一方面，他们的经济处境依然艰难，政治权利难有保障，文化认同模糊不定，这些又进一步加剧了美国社会的分裂。

美国黑人作为从非洲掳来的非自愿移民，有着最惨烈的经历。他们在白人的枪口和屠刀下，就像会说话的牲口，到北美后不久就被套上了奴隶制的枷锁，直到19世纪60年代末才获得了象征性的自由。几十年来，黑人的社会经济地位虽有提高，公民权利有所改善，但依然被笼罩在种族歧视的阴霾之下。在就业、医疗、教育、投票权等诸多领域，黑人仍处于明显弱势的地位。在系统性种族主义与枪支暴力的共同作用下，他们成为最大的受害者。同时，黑人内部的差异性也在增加。极少数杰出精英、主流中产阶级、社会底层、新移民等次群体之间的社会经济地位差别悬殊，身份认同和政治态度也有明显差异。从地域分布看，黑人再次从北部迁往经济繁荣的南部，从城市迁往郊区，黑人社区之间的隔离也进一步弱化。

近几十年来，拉美裔人口迅速增加，2010年取代黑人成为美国最大的少数族裔群体。其中墨西哥裔人口最多，约占63%，其次为波多黎各裔和古巴裔。拉美裔人口的族裔多样性和政治多样性都很强。以佛罗里达州为例，长期以来，古巴裔一直是该州最大的拉美裔群体，约占1/3，但近十年来，波多黎各裔人口增长最快，数量接近古巴裔。拉美裔的政治参与度较低，族裔身份认同比较模糊，党派认同也经历了数次转向。近年来，拉美裔选民总体上支持扩大政府作用，在社会议题上持保守态度，倾向支持民主党总统候选人，但并不是坚定的支持者。

亚裔移民美国的历史并不短，但亚裔人口的迅猛增长始于21世纪。21世纪以来，亚裔人口增速达到70%，目前总数接近2000万，占总人口比例达到5.9%。亚裔人口不仅增长速度快，其地域分布也发生显著变化，从早期的大城市聚居区向郊区扩展。目前，亚裔正涌向亚利桑那、内华达、北卡罗来纳等人口增长大州。长期以来，亚裔被冠以"模范少数族裔"的称号，主要是因为他们勤勉踏实，社会经济境况优于其他少数族裔，受教育水平较高。但亚裔内部的贫富差距、阶层分化也更严重，19个亚裔次群体中有8个贫困率超过全国水平。族裔上，亚裔来源于亚洲各国，更认同其祖籍国，而非整个亚洲。文化和意识形态上，不同祖籍国的群体之间以及不同代的移民之间都有明显差异。

几个世纪以来，印第安人从北美大陆的主人，到几乎销声匿迹，从惨遭白人屠杀、强制搬迁和文化灭绝，到被迫进入保留地，经历了一部"血泪史"。当前，印第安人的物质精神生活依然困苦，处于社会最底层。他们的收入和受教育水平是各族裔群体中最低的，贫困率和失业率则是最高的。他们的预期寿命最短，肺结核、心脏病等重大疾病患病率明显高于其他族群。他们虽拥有美国公民身份，但公民权利特别是政治权利并未得到切实保障，政治参与度远远落后于白人，还经常遭遇歧视性执法。2020年人口普查显示，印第安人口为970万，占总人口2.9%，相比2010年的520万和占比1.6%有显著提升。然而，这并不意味着印第安人口实质在高速增长，而是因为混血人口也被计入其中。调查显示，印第安人在现代社会"基本看不见"，美国经济统计数据经常遗漏该群体，精英和普通民众大都对其持有刻板印象，大众传媒和文艺作品展示的也多是负面问题。

近年来，美国经济结构转型、人口结构变化和社会阶层分化加剧了白人群体的身份认同危机，种族关系再趋紧张。特朗普执政期间的限制移民政策和对"白人至上主义"的纵容更是起了推波助澜的作用。2020年5月，黑人弗洛伊德被白人警察"跪杀"引发美国历史上最大规模抗议活动，后演变为持续的社会骚乱。此次抗议活动影响范围之广、持续时间之长实属罕见。"黑人的命也是命"（Black Lives Matter）运动示威者将矛头直指"系统性种族主义"，不仅反对警察暴力执法、司法不公，还要求削减警察机构资金，甚至解散警察机构。整个美国社会在争取黑人权利与维护"法律和秩序"孰轻孰重的问题上激烈对抗。

在新冠肺炎疫情的冲击下，美国的社会不公和种族歧视愈加凸显。长期以来黑人、拉美裔在收入、住房、医疗、教育、健康状况等方面处于弱势地位，因而其感染率和死亡率均明显高于白人。截至2021年10月5日，在所有感染病例和死亡病例中，拉美裔分别占27%和18%，明显超过其在总人口中的比例。黑人、拉美裔面临的感染、死亡和住院风险是白人的2至3倍。疫情暴发以来，美国社会对亚裔的歧视日益严重。亚裔企业、商铺屡遭破坏，亚裔民众受到恐吓、言论攻击和人身攻击，针对亚裔的仇恨犯罪大量增加。据美国联邦调查局统计，2020年针对亚裔的袭击事件为274起，较2019年增长73%。2021年，反亚裔仇恨犯罪有增无减。旧金山市针对亚裔的仇恨犯罪有60起，是上一年的6.6倍。纽约市针对亚裔的仇恨犯罪至少有129起，是上一年的4.6倍。

种族关系的恶化也是美国各族裔民众的切身感受。与2016年相比，2020年美国民众对种族关系的看法更加负面，认为黑人比白人处境更艰难的选民比例显著增加，其中白人选民比例增加8%，黑人选民增加18%，拉美裔选民增加10%。2020年大选出口民调显示，种族不平等成为仅次于经济议题的最重要议题。

在种族矛盾日趋尖锐的同时，美国的非法移民问题始终得不到解决，不得不面对一波又一波的难民危机，边境安全不断受到威胁。

2021年，美国西南部边境再度上演难民危机。临时难民安置点里裹着一层锡纸取暖的儿童难民、从美墨边境墙上坠落的婴儿、边境巡逻警挥舞马鞭驱赶海地难民等视频，一度成为各大媒体争相报道的新闻热点。

受拜登政府"开放"边境政策信号的影响，美墨边境非法越境人数持续增加。2021财年总计173万人，接近前3年总和。2021年7月，非法越境人数一度攀升至21.4万人，为21年来单月最高值，其中有1.9万名无人陪伴的儿童，数量达历史最高。这导致边境安全形势急剧恶化，边境执法机构和难民安置机构不堪重负。边境巡逻警被迫将更多精力转向处置非法越境者，分散了应对人口贩卖、毒品走私等问题的精力。在一些边境地区，数千名难民聚居在临时搭建的帐篷中，缺衣少食，生存条件极其恶劣，导致疫情迅速蔓延。自由派与保守派政客、媒体及难民支持组织展开激烈争论。一方要求拜登政府提高难民接收配额，增加资源投入，改善安置条件；另一方则主张采取严厉措施驱逐非法越境者，并继续修建边境墙。得克萨斯州州长阿伯特公开与拜登政府对抗，拘捕难民，发布严苛巡逻令，呼吁续修边境墙。边境地区在收容难民、防控疫情、维护治安上压力陡增。在亚利桑那州，基础设施落后的小城镇为接纳难民不得不投入资源，当地居民怨声载道。一些非边境州不情愿承担难民分流任务，当地民众对难民潮态度复杂，一方面同情难民处境，另一方面对持续的移民潮表示担忧。皮尤研究中心数据显示，民众对非法移民应有合法居住途径的支持率4年来不断下降，其中拉美裔选民对拜登政府应对难民潮深表不满，对民主党的支持度明显下降。

目前，美国南部边境难民危机虽没有急剧恶化，但也难有转机。事实上，此次难民危机只是美国积重难返的移民问题的缩影。移民改革陷入僵局、移民问题陷入困境，主要受到以下几个因素影响。一是移民政策与现实需求之间仍存差距。当前，自由放任的移民政策显然已不符合美国社会发展的实际需要，美国的国土资源和经济发展的潜力也不允许政府盲目地吸收外来移民。但是，美国仍然需要外来移民推动其社会的发展，特别是填补因人口增速放缓引起的劳动力缺口。何种规模的移民才能促进经济的发展，同时对现有的资源、环境、社会保障体系不造成太大压力，各类移民达到何种比例为最优是难解之题。二是两党斗争以及不同利益集团之间的矛盾。两党出于理念差异和追逐选举利益，在本有共识的移民问题上渐行渐远，企业界、文化界、教育界等领域的利益集团也为了追求各自的利益和理念展开激烈辩论，加剧了整个社会在移民问题上的分裂。三是拉美国家特别是中美洲国家经济困境和社会动荡持续，移民的入境需求持续上升。由此可见，美墨边境危机短期内难以缓解。

人口变动与美式民主的困境

美国的人口地图与政治经济版图相呼应。近几十年来，人口的变动进一步加剧了地区之间的差距，一边是高科技和新兴产业发达地区，一边是老旧产业区。例如，自20世纪90年代后，得克萨斯州首府奥斯汀和北卡罗来纳州罗利、达勒姆、教堂山三个都市区组成的北卡研究三角地区逐步从相对落后的城市发展为创新型城市。这两个地区依托高水平的大学，发挥智力资源优势，吸引计算机、半导体、生物技术、制药等高技术企业分支机构入驻本地。90年代以前，奥斯汀和北卡研究三角地区的人口规模都不大，随着人口数量快速增长，90年代中期，这两个地区的人口都超过了100万人，人口增长和城市规模的扩大推动了高技术经济的快速增长，而经济增长和就业机会的增加则像一块磁石，不断吸引着外来人口。

中西部"铁锈带"州及其相邻的西弗吉尼亚州则呈现另一番景象。中西部向来不是吸引移民的地方，因此人口自然增长的下降以及居民迁出必然导致该地区人口减少。近十年来，该地区的多数县都出现人口负增长，乡村地区尤其明显。在西弗吉尼亚，随着煤炭等传统能源产业萎缩以及2008年经济危机的冲击，人口流失严重，城市尽显萧条和颓废。在西弗吉尼亚大学所在地摩根敦市，街道两旁的很多商铺已经关闭，原来兴盛的农贸市场也空无一人、长期闲置，人气最旺的是教堂。

人口变动让城市与乡村更加区隔。2020年人口普查结果显示，约有86%的人居住在都市区，8%居住在小型都市区，6%居住在乡村。新增人口主要来自大城市和都市区。亚利桑那州州府菲尼克斯是全美人口增速最快（11.2%）的城市，人口总数（160万）位列全美第5。人口增长的主要动力包括移民涌入、退休人员养老、高科技企业入驻、中产阶级家庭寻求廉价住房。得克萨斯的几大都市区和中南部郊区人口持续增加，一方面创造经济机遇，另一方面也带来基础设施不足、房价攀升等问题。值得注意的是，加州人口增速比上一个十年降低10%，移民增速降低44%，2020年人口呈现负增长。拉美裔占比逾39%，白人约占35%。房价高企提高生活成本，对从事餐饮业、服务业和制造业的低收入者冲击最大。洛杉矶仍是美国人口最多的城市，但增速仅为2%。乡村地区由于缺乏就业、住房和育儿条件，年轻人流失严重，人口出生率低。自20世纪60年代以来，美国城乡贫困率差距虽显著缩小，但差距仍在4%左右，有工作的乡村工人的贫困率超过城市工人3%。

大都市和乡村在人口族裔结构、产业结构、政治观念上差别明显。在得克萨斯州奥斯汀、休斯敦、达拉斯等大都市，人口数量多，少数族裔人口比例较大，新兴产业发达，民众的政治观念相对自由。而在大都市区之外的郊区和乡村地带，白人仍占绝对多数，产业类型相对陈旧，民众的政治观念也更保守。一个直观的例子是，大城市的宾馆大堂内通常播放的是自由派媒体CNN的节目，而郊区的宾馆和快餐店播放的则是保守派媒体福克斯新闻。近年来的选举地图也有一个有趣的现象，在得克萨斯、佛罗里达、佐治亚等共和党州以及宾夕法尼亚、北卡罗来纳等关键摇摆州，较大的红色版块上分布着几个蓝色的小点，分别对应着支持共和党的广大乡村和支持民主党的大都市区。很多情况下，"蓝点"虽小，代表的却是更大规模的人口和选民以及更大的政治影响力，两党的选民基础也因此呈现巨大的差异，在地域上彼此隔绝。

人口变动也深刻影响着美国的选举政治，其发挥影响的途径之一是国会议席分配和选区划分。由于各州的国会众议员名额取决于其人口规模，因此各州人口的增减直接影响国会众议院席位分配。2010—2020年，西南部地区人口增长显著，其拥有的国会众议院议席也相应增加：得克萨斯新增2席，佛罗里达、科罗拉多、蒙大拿、北卡罗来纳和俄勒冈各增加1席。同时，人口增长相对缓慢的中西部、东北部州则会丢失一些席位。纽约、俄亥俄、加州、伊利诺伊、密歇根、宾夕法尼亚和西弗吉尼亚各减少1席。这些变化不仅影响国会众议院的两党力量对此，还会影响2024年和2028年总统选举各州的选举人票数（等于各州的国会参众议员总数）。鉴于共和党长期把持得克萨斯和佛罗里达，而

第七章

加州、纽约州、伊利诺伊州是民主党的大本营,共和党在选举人票上的优势将扩大。

每次人口普查后,各州还会根据新的人口形势进行国会选区重划。目前,在全美50个州中,除阿拉斯加、北达科他、南达科他、佛蒙特、怀俄明、特拉华6个州因人口稀少只有1个国会选区,无需再做划分外,其他44个州都需进行选区重划。

选区划分不公正问题长期存在,成为两党公然攫取一己私利的集中体现。州议会可以把选区界线划得奇形怪状、异乎寻常,使一个党能在该选区轻易取胜。19世纪初,时任马萨诸塞州州长埃尔布里奇·格里(Elbridge Gerry)为确保共和党人当选而把该州一个选区形状划成类似西方神话中的火怪,广受嘲讽,这种行为常被称为"格里蝾螈"。历史上,各州都曾使用这种方式划出奇形怪状的选区。

近年来,两党斗争的加剧使得围绕选区重划的角力更趋激烈。由于事关2022年中期选举后的国会和州议会控制权,2020年人口普查结果引发了几十年来最激烈、最具法律争议性的选区重划斗争。共和党把持着全美更多的州长职位和州议会,因而在选区重划中占据有利地位。该党利用在艾奥瓦、北卡罗来纳、得克萨斯和犹他等州的优势,将略微倾向将本党的选区变为稳固的支持者。犹他州州长考克斯将倾向民主党的盐湖县分割成4个选区,减少了1个民主党选区。在得州,共和党控制了所有38个选区中的至少25个。民主党也不甘示弱，全力反击，将其控制的伊利诺伊州的共和党选区减少了2个。此次选区重划还引起了更多法律争议，一些州的选区重划方案无法摆平两党利益纷争，只有提交到州最高法院裁决。

　　人口变动影响选举政治的另一途径是选民通过投票表达对某一政党的支持，即选民联盟的演变。由于各族裔选民的政治态度和党派倾向不同，两大政党的选民联盟呈现出不同的族裔特征。共和党日益依赖白人选民基本盘，少数族裔选民成为民主党的重要支持力量。同时，两党选民联盟尚未固化成形，仍处于分化组合过程中。2008年大选，少数族裔、年轻人、女性、上层白人等选民群体的支持助推奥巴马以较大优势胜选。2012年大选，奥巴马得以维系其胜选联盟。然而新的"民主党多数派"并未如期形成。2016年大选，少数族裔选民特别是黑人选民的投票影响力大大让位于白人工薪阶层选民，共和党"非传统"候选人特朗普凭借在关键摇摆州的微弱优势赢得选举。

　　2020年大选，各族裔选民的投票模式基本延续了白人倾向共和党、少数族裔倾向民主党的特征，但也有一些新变化：白人选民对民主党总统候选人的支持率有所提升，对共和党总统候选人的支持率相应下降，特别是关键摇摆州的白人工薪阶层选民对特朗普的支持率明显下滑，很大程度上助推拜登在这些州以微弱优势获胜。黑人选民总体上对民主党总统候选人的支持率下降，对特朗普的支持率相应提升,而在关键摇摆州,其对民主党的支持率则略微提升。拉美裔选民的比例进一步扩大,其政治理念上与共和党的"共鸣"以及特朗普阵营的有效动员抬高了特朗普在该群体中的支持率。亚裔选民对民主党总统候选人的支持率有所下降,对特朗普的支持率则明显提升,但由于其占全体选民比例依然很小,特别是在关键摇摆州的投票影响力非常有限,对总统选举尚难产生重要作用。

人口变迁贯穿美国历史,关乎国运兴衰。当前的人口形势巨变给美国社会乃至国家安全带来的挑战是前所未有的。不同族裔群体之间的分裂与对立、城乡居民之间的差异与隔阂达到了空前的程度。曾经是无数移民追求"美国梦"的实验场,如今却成了仇恨、犯罪、暴力、社会骚乱的温床,正常的社会秩序和民众的生命财产安全受到威胁。曾经以"熔炉"锻造团结、标榜多元化和包容性的文化模式难以接受白人主体地位和白人盎格鲁—撒克逊清教徒主流文化的颓势,少数族裔、底层民众的基本生存条件和权益在两党斗争和"文化战争"的硝烟中严重受损。自诩"民主灯塔""人权卫士"的美国上演着国会大厦遭围攻、民选结果险被推翻的闹剧,美式民主制度一时间成了全世界的笑柄。未来,谁是美国人?美国的民族身份认同和主流文化是什么?这将在很大程度上决定这个移民大国的发展走向。

参 考 文 献

1. 梁茂信:《美国移民政策研究》,东北师范大学出版社1996年版。
2. 姬虹:《美国新移民研究(1965年至今)》,知识产权出版社2008年版。
3. 李道揆:《美国政府和美国政治》(上册),商务印书馆1999年版。
4. [美]塞缪尔·亨廷顿著,程克雄译:《谁是美国人?——美国国民特性面临的挑战》,新华出版社2010年版。
5. [美]托马斯·索威尔著,沈宗美译:《美国种族简史》,中信出版社2011年版。
6. William H. Frey, Diversity Explosion: How New Racial Demographics Are Remaking America, Brookings Institution Press, 2015.
7. Steve Phillips, Brown Is the New White: How the Demographic Revolution Has Created a New AmericanMajority, The New Press, 2016.
8. Mark Lilla, The Once and Future Liberal: After Identity Politics, Hparper, An Imprint of Harper Collins Publishers, 2017.
9. John B. Judis and Ruy Teixeira, The Emerging Democratic Majority, A Lisa Drew Book, 2002.

第八章
欧洲何以成为难民的"天堂"

第八章

在法国赠送给美国的自由女神像的底座上，印刻着一段慷慨激昂的宣言："把穷困潦倒而渴望自由呼吸的芸芸众生送到我这儿来……把无家可归、在暴风中飘零的人带到我这儿来。我在这金色大门旁高举起灯火！"然而，美利坚并没有成为张开双臂、真诚欢迎难民到来的大陆。据统计，在当今世界超6500万难民中，美国只收容了其中的1%，而欧洲大陆则收容了11%的全球难民。欧洲成为了发达国家里名副其实的国际难民庇护所，是背井离乡的迁徙者向往的"天堂"。

第八章

此起彼伏的难民潮

2015 年，数以百万计的难民络绎不绝地涌入欧洲边境，吸引了全世界的目光，而高举鲜花标语的欧洲人云集火车站台、边境口岸，热泪盈眶迎接难民入境的新闻，也给世人留下了深刻的印象。不过，这并不是欧洲现代史上首次遭遇如此大规模的难民潮，也不会是最后一次迎来难民的冲击。

20 世纪末，冷战结束之际，苏东地区剧烈动荡，欧洲掀起了一轮难民潮。1991 年，南斯拉夫逐渐解体，克罗地亚独立战争、波黑战争及其间残忍的族群冲突导致近 400 万人逃亡，约 60 万—80 万人涌入欧洲其他国家定居。1999 年科索沃危机，北约空袭南联盟，在短短两个星期内，超过 50 万人从科索沃逃往临近的北马其顿。不到两个月，科索沃一半居民沦为难民。战争结束时，超过 20 万塞族人和其他非阿尔巴尼亚族人逃往塞尔维亚，一时间塞尔维亚成为欧洲难民人口最多的国家。与此同时，20 世纪 90 年代的伊拉克战争，也导致大量来自中东、中亚及北非地区的难民涌入欧洲避难。

21 世纪伊始，欧洲的难民潮不止反沸。尤其是随着西亚北非局势动荡搅动中东形势，族群、宗教冲突不断，难民不断蓄积、外溢、扩散，奔向地理上毗邻的欧洲，引发了欧洲自二战结束以来最为严重的难民危机。此次难民入欧规模大、范围广，据联合国难民署估计，仅2015年就有超过100万难民横渡地中海进入欧洲。难民沿东线乌克兰至南线地中海分布，弧形包围欧洲，形成了多条入欧线路，其中"西巴尔干之路"尤为突出。所谓"西巴尔干之路"是指由土耳其入抵希腊，经北马其顿、塞尔维亚、匈牙利，一路向北，前往西欧和北欧国家。该路线由于水路距离相对较短，陆上监管政策伸缩性大，一度成为难民的心仪之选，2015年经此线路入欧难民超80万人。与此同时，缠绕着难民的人道主义灾难触目惊心。成群结队的难民在炎热的天气中徒步穿越沙漠，乘坐严重超载的小船闯入地中海，还要忍受人口贩子的剥削和凌辱，躲避强盗悍匪的劫掠和伤害。联合国难民署公布的数据显示，2015年有3700余名试图渡过地中海进入欧洲的难民途中溺毙或失踪，但实际数字远大于此。挤在小舢板或橡皮艇上的难民在海上毫无方向地漂泊，有的出现严重幻觉、精神异常，被视为安全威胁而"处理"掉，有的仅仅出于保持船体平衡的需要，就被当成多余的物件扔入海中。在许多难民的心中，地中海是一座坟场，不仅因为它吞噬了鲜活的生命，更因为它埋葬了善良的灵魂。

研究人口迁移问题的美国学者伊沃里特·李（Everret S. Lee）

曾就移民或难民形成的原因提出一种"推拉理论",即移民或难民的形成取决于四大因素:迁出地的推力、接收地的拉力、中间的障碍以及人的决定。现代欧洲难民现象频发,与这四个较为突出的因素不无关系。由于历史、政治、民族、宗教及战争等错综复杂的原因,欧洲的边缘及其周边国家形成了一条"不稳定弧",其支离破碎的治理体系、经年累月的矛盾冲突、横行无忌的极端武装,造成了大批流离失所的人群,社会失序、经济失能、百姓失望,形成了巨大的外推力。而对于颠沛流离、朝不保夕的难民来说,近在咫尺、和平富庶的欧洲毫无疑问具有"天堂"般的吸引力。可以想见,一端是人均 GDP 不足 4000 美元的中东北非、西巴尔干及乌克兰地区,一端是人均 GDP 近 4 万美元的欧洲,犹如促成电子流动的两极,自然形成了人口迁徙的压力。

将要背井离乡的人还需要权衡的因素是中间的"电阻"。简言之,就是迁徙过程中遭遇的自然阻力和制度障碍。尽管以非正常途径前往欧洲将经历种种磨难,但对于中东北非的难民来说,这已经是一段相对短途、值得冒险的旅程。大致而言,难民经地中海前往欧洲的路线可分为三条,一条是西线,从摩洛哥到西班牙,其最近距离仅 15 千米,坐船最快一个多小时可抵岸,更为便捷的是前往西班牙位于摩洛哥境内的陆上飞地休达,虽然建有高耸的边境栅栏,但仍可以游着绕过去。2021 年 5 月 17 日,约 6000 名非法移民通过游泳或乘坐橡皮艇进入休达,创西班牙单日非法入境人数之最。一条是中线,从利比亚的黎波里出发,前往意大利的兰佩杜萨岛,全程近150海里,卡扎菲政权垮台后,利比亚一度成为了赴欧非法移民的集散地,也是欧盟边境与海岸警卫队与蛇头斗智斗勇的关键区。还有一条是东线,由土耳其至希腊,乘上橡皮艇,朝发夕至,是2015年难民危机中最为活跃的线路,导致安置难民的希腊海岛人满为患。欧洲和"不稳定弧"之间的距离之近和价值之比,用《欧洲之痛》作者张丹红的话说:"地狱和天堂之间只隔着一条地中海。"

更令难民倍感振奋的是,欧洲有收容难民的文化传统和世界上最为齐全的难民庇护制度体系。事实上,"难民"一词就源于近代早期的法国。1537年,尼德兰地区的加尔文教徒为躲避西班牙统治者迫害逃到法国,法国人称其为"难民"(Réfugié)。17世纪后半期,源自法文的英文词"refugee"开始广为使用。在启蒙运动和宗教改革的背景下,法国发生了近代意义上第一次难民大逃亡。1685年,法国"太阳王"路易十四世撤销维护宗教信仰自由的《南特敕令》,掀起迫害、消灭胡格诺教徒的运动,大肆抓壮丁、囚妇孺、征财产,致使约40万胡格诺教徒逃离法国,迁往英国、荷兰、勃兰登堡等新教统治地区寻求庇护。在法国大革命的浪潮中,"难民"议题进一步由宗教领域向政治领域延伸。法国1793年宪法中首次明确庇护政治难民,该法第102条规定法国人"必须向那些为了寻求自由逃离本国的人提供庇护"。

第八章

欧洲人对难民倍加同情很大程度上源于自身近现代史的难民共情。一战期间，德军入侵比利时，导致150万名比利时平民逃亡，其中前往英国寻求避难的比利时难民数量超过20万。一战末期，由于俄国革命和奥斯曼帝国的崩溃，一大批俄国人、亚美尼亚人、土耳其难民四散而逃，前往波兰、芬兰、法国、巴尔干地区以及远东地区，其中仅俄国难民就达150万人。第二次世界大战期间，欧洲难民规模空前，约有6000万人流离失所，仅在1944年冬天到1945年第二次世界大战结束，就有超过1400万名德国人行进数百千米，从曾经属于德意志帝国东部的地区及被德军占领的国家向西逃难。二战结束时，有4000万难民四散在欧洲各处，1947年，大量人口返乡后，仍有约700万名流离失所者滞留在安置营中。这些难民中许多人成为了后来欧洲政经界举足轻重的人物，其自身刻骨铭心的难民经历对欧洲难民政策产生了深刻影响。欧洲战后重建过程中，来自中东地区的"客籍劳工"发挥了重要的作用，数百万土耳其、巴尔干地区的青壮年有力补充了欧洲劳动力的不足，令欧洲人对这些"外来客""打工仔"抱有好感。与此同时，冷战铁幕下，隶属西方阵营的欧洲地区出于政治宣传的需要，将难民涂上浓厚的政治色彩，向来自"东方"的难民敞开了怀抱。匈牙利因反抗当时苏联的粗暴干涉，约18万人逃至奥地利，奥地利政府在其他西欧国家支持下，积极收容安置难民。1975年，南越西贡政权垮台，数以万计的难民渡洋出逃，有许多长期滞留在海上，沦为媒体报道中所谓的"船民"，在难民事务高级专员公署协调下，西方大国达成协议，接收获得难民身份的人，其中法国、英国共接收了10余万人，近8万来自越南、柬埔寨和老挝的难民则被带到了德国。

也是欧洲人最先将救助庇护难民纳入国际组织体系。如果有一座城市可以称为"难民之城"，那便是瑞士的日内瓦。它曾经接收了数以万计逃离法国的胡格诺教徒。1951年，联合国《关于难民地位的公约》（也称为《日内瓦难民公约》）在这里通过。联合国难民事务高级专员公署（即联合国难民署，简称UNHCR）也位于日内瓦，坐落在万国宫对面一座有着现代化玻璃高塔的顶楼。可以说，现代意义上的国际难民庇护制度起源于欧洲。1921年，为应对一战后产生的大量俄罗斯难民，国联成立了高级专员公署，由挪威探险家、外交家弗里特约夫·南森担任高级特派员。1922年，在南森建议下，多国在日内瓦签署一项国际协定，为难民发放"南森护照"，即无国籍者国际旅行证件，作为身份证明。该证件陆续获50余国承认，发放超40万本，大批俄罗斯、亚美尼亚和犹太难民获得保护。南森本人被授予诺贝尔和平奖，其去世后国联设立"南森国际难民办公室"，继续从事人道主义救援工作。在此基础上，国际社会先后成立了政府间难民委员会、联合国善后救济总署、国际难民组织以及如今的联合国难民署，最终发展成救助难民的常设国际组织。而有

第八章

关难民的国际公法，也肇始于欧洲。1933 年，日内瓦召开政府间难民问题会议，通过了《关于难民国际地位的公约》，成为难民国际法的样本文件。1951 年，《日内瓦难民公约》正式将难民定义为"基于种族、宗教、国籍、特定社会团体的成员身份或政治见解歧义，而有充分理由畏惧遭受迫害，因而居留在其母国之外的任何人"，并提出了"不遣返原则"，即不可强行将难民送回可能受严重伤害的母国。1967 年修订的《关于难民地位的议定书》则取消了此前的时间和地域限制，使难民权利由欧洲走向全球。

如今的欧洲对难民呵护备至，竭力保证申请庇护者在欧洲过上"有尊严的生活"。2009 年，意大利在国际水域发现 24 名厄立特里亚和索马里难民，随后将其集体遣返利比亚，但 2011 年，欧洲人权法院认为意大利此举剥夺了单个难民申请庇护的权利，且利比亚不是接收难民的安全之地，因此判决意大利政府向每名难民赔偿 1.5 万欧元。经此判决，意大利的边防巡逻队对国际水域的难民不再遣返，而是悉数接回意大利。于是，不管难民还是非法移民，都更勇敢地闯入地中海，因为只要被欧洲边防员发现，即意味着成功登陆。欧洲国家以福利著称，给予难民的生活照顾也是无微不至。在欧洲的难民接待站，被褥、卫生用品、住宿、一日三餐皆免费，享受免费的医疗体检、语言培训，还有每人每月二三百欧元不等的零花钱，这意味着一个五口之家不用工作就能月入上千欧元。难民家庭团聚的权利被郑重其事地写入堪称"欧盟难民宪法"的《都柏林公约》，该权利是指倘若避难申请者难民身份得到认可，为确保其家庭和睦，其直系亲属皆可获得难民身份。心理安抚和法律援助也是"标配"，几乎每一座难民接待中心都设有专门的心理咨询室，每一起难民遣返工作都被放在法律的显微镜下反复检查，一旦程序有瑕疵，遣返决定就会失效，已经遣返的难民将被隆重迎回。还有众多非政府组织义无反顾地投身难民事业，如"无国界医生"为难民提供了大量的门诊咨询和心理健康辅导，有的甚至不惜游走在法律的灰色地带，如"欢迎来欧洲"（W2EU）的非政府组织，为难民提供路线地图、旅行指南，以及如何躲过各国边检的小贴士。

进入 21 世纪的第二个十年，尽管没有出现百万级别的难民大军，但寻求进入欧洲的难民队伍依然绵延不绝，北约自阿富汗慌乱撤军造成的难民，欧洲各国纷纷开出接收清单。"后伊斯兰国"时代，伊拉克仍有成群结队的难民队伍涌向欧洲，在波兰、克罗地亚边境聚集试探，试图敲开欧洲的大门。欧洲人对"难民潮 2.0 版"的恐慌绝非杯弓蛇影。在国际秩序激烈变革的时代，欧洲身处地缘碰撞的碎片之傍，胸藏打造道德高地的小心思，未来难民问题仍将高位徘徊，短期内不会自动退潮。

第八章

打开潘多拉魔盒的异乡人

尽管 2015 年来自中东北非的难民以排山倒海之势涌入欧洲，但对于拥有 5 亿人口，人均 GDP 近 4 万美元，难民庇护制度发源地的欧洲国家而言，收容百万难民应属力所能及的范畴。正如时任瑞典首相勒文所言，一个容纳 500 人的大礼堂添加一把凳子，看不出什么变化。然而，令人始料未及的是，欧洲这次所面临的难民问题引发了一系列连锁反应，衍变成了一场史无前例的难民危机。

欧洲经济惨遭拖累。当难民潮汹涌而至的时候，欧洲刚刚经历了欧债危机的冲击，经济亟待重振，然而却迎来了难民问题的当头棒喝，欧洲政府财政负担加重。作为接收难民的第一站，意大利和希腊也是欧债危机的重灾区，经济复苏本已步履维艰，难民潮的到来更是令其雪上加霜。欧洲腹地的发达国家也不堪重负。据估算，德国每名难民食宿医疗等安置成本约 1.3 万欧元，此外还有聘任师资、补充联邦移民和难民事务助手及警力等开支。按照德国基尔世界经济研究所的计算，德国政府每年为难民实际支出高达 550 亿欧元，相当于全年预算的 1/6，比国防预算都高。进一步的影响还在于接收地的就业问题。难民一旦获准工作，将增加劳动力供给，在无额外工作岗位的情况下，将抬升失业率或减缓工资增速。因地处由法国偷渡英国的最佳前线，法国的加来市成为了众多难民聚集地,有"难民丛林"之称。该市自2013年起以12.6%的失业率成为法国失业率最高的城市之一。英国调查报告则称,外来移民令最底层工资增速比正常水平减少0.7便士/小时。一些欧洲边境以旅游业为支柱的城市倍受打击,希腊的莱斯博斯岛为著名度假胜地,如今难民人满为患,游轮拒绝停靠。

  难民潮潜藏的安全问题不容小觑,引发的安全事件举世震惊。早在中东北非难民大量涌入欧洲的迹象初显之时,欧洲的安全部门就一再发出警告。2015年,英国"军情五处"称,有证据显示"伊斯兰国"等极端组织利用利比亚港口城市苏尔特向意大利偷渡武装人员。北约秘书长斯托尔滕贝格亦表示,"'伊斯兰国'武装分子可能藏匿在难民船中潜入欧洲"。一语成谶,2015年,法国巴黎的咖啡馆和体育馆连续发生暴恐袭击,超130人死亡,为二战结束以来法国遭恐袭伤亡人数之最,法国警方称实施巴黎恐袭案的凶手以叙利亚难民身份入境。2016年,比利时首都布鲁塞尔机场和地铁站发生系列爆炸袭击;法国国庆日,南部旅游城市尼斯暴恐分子驾车冲入人群造成84人死亡;德国柏林圣诞市场遇袭,11人死亡,55人受伤,节庆日变成哀悼日。"伊斯兰国"高调认领这一系列的恐袭事件,欧洲社会风声鹤唳。欧洲刑警组织负责人温赖特称,"欧洲正面临10年来最严重的恐怖威胁"。

第八章

难民带来的社会文化撕裂日益拷问欧洲的"良心"。一些国家对难民挑肥拣瘦。斯洛伐克、匈牙利等国宣称只接受基督教难民，英国则表示将安置直接来自约旦、黎巴嫩和土耳其难民营的叙利亚难民，但不接受已抵欧难民。欧洲许多国家对中东北非难民的到来在文化上抱持戒备心理。捷克总统泽曼称，难民的涌入"将会使欧洲妇女的美貌荡然无存，因为她们也会学着难民的样子，用长袍将身体从头到脚罩起来"。捷克前总统克劳斯发表请愿书，警告民族、文化和完全不同宗教信仰冲突将产生风险和威胁。时任欧委会主席的容克在其首份盟情咨文中称，欧盟正变得"既不像欧洲，也不像联盟"。2021年崛起的法国总统候选人泽默尔在难民移民问题上持激进立场，提出了所谓的"大替代"理论，宣称伊斯兰移民正极力嵌入欧洲内部，通过自身繁衍发展替代欧洲人。更为极端的是，因为文化分歧引发了严重的流血冲突。2015年，法国著名讽刺漫画杂志《沙尔利周刊》巴黎总社突遭伊斯兰恐怖分子闯入枪击，造成12人死亡。2015年跨年夜，近2000名中东北非难民在科隆火车站前的广场聚集，对路过的女性围追堵截，实施骚扰、猥亵和抢劫，警方称受害女性达1200人，规模史无前例。与此同时，极右分子在难民营外聚众闹事、攻击难民和焚烧政府计划安置难民的设施等事件层出不穷。2015年8月，德国小镇海德瑙抵制难民引发暴力冲突，致30多名警察受伤。在难民危机面前，自由受阻、平等隐身、博爱不再,"多元一体"成空谈,欧洲长年秉持的"道德高义"备受质疑。德国前总理默克尔直陈,难民危机考验欧洲能否践行自我标榜的价值观,但欧洲的表现令人失望。

难民议题引发了欧洲的政治危机。2015年7月,默克尔在一次公民对话的电视直播中,坦言德国不能让所有难民都留下来,引得一名巴勒斯坦少女当场泪如雨下。随后,默克尔遭到媒体连篇累牍的炮轰,政治对手斥责她冷酷无情。不到两个月,默克尔的立场发生了180度的转折,宣布德国将向难民敞开大门,且"避难的基本权利没有上限"。虽然默克尔成了难民眼中的"救世主",但其率领的联盟党却开始走下坡路。党内姊妹党基民盟和基社盟因难民分歧而貌合神离,党外以反对接收难民为主要议题的选择党则攻城掠地,迅速崛起,成立不到五年即在联邦大选中斩获12.6%的选票,一举成为联邦德国历史上首个进入联邦议院的右翼民粹政党。与此同时,欧洲其他国家的民粹政党也在难民议题的加持下,风起云涌,势不可挡。奥地利年仅27岁的外长库尔茨因极力阻止难民入境而名声大噪,并成为欧洲最年轻的政府首脑,其政府在反移民问题上与极右翼民粹主义政党自由党结盟。意大利的北方联盟和"五星运动"组建了西方大国中首个民粹联合政府,坚决反对难民救援船靠岸的北方联盟党首萨尔维尼出任内政部长。德国的"爱国欧洲人反对西方伊斯兰化"、丹麦人民党、法国"国民阵线"等亦声势浩大,鼓噪排斥移民。

时任英国首相的卡梅伦声称要让非法移民"拿不到驾照、租不了房子、开不了账户,来了也将被驱逐出去",但这样的说辞已阻挡不了独立党牵引英国走上"脱欧"的道路。

在欧盟层面上,欧洲一体化制度体系亦因难民问题遭遇严重危机,难民问题放大了成员国矛盾,南北欧相互推诿。依据欧盟"都柏林规则",难民应在最初抵达国申请避难,但面对如潮的难民,意大利、希腊等国不堪重负,对难民北上采取放任态度;法国围追堵截,在法意边境口岸大量遣返难民;北马其顿则出动军队,用闪光弹和水枪驱散聚集在马希边境的难民;匈牙利在匈塞边界建立围墙堵截难民,并拟将破坏边界设施者判罪入刑,匈总理欧尔班称:"欧洲难民问题归根结底是德国问题,匈牙利只负责登记。"时任欧盟外交和安全事务高级代表莫盖里尼慨叹:"欧盟各国同意应由欧盟统一行动,却无统一的欧洲概念。"东西欧意见分歧。德、法、意等西欧国家主张实施难民配额制度,中东欧国家强烈反对。东欧国家呼吁以加固外部边境为先,认为大谈共同避难政策而不确保边境安全,只会促使更多人踏上避难之旅。2015年9月,欧盟经过面红耳赤的争吵,决定在成员国之间分配16万难民,然而匈牙利、捷克、波兰和斯洛伐克四国总理随即召开会议,发表联合声明,拒绝接受强制摊派。协议沦为一纸空文。时至今日,欧盟试图重新分摊难民的新机制依然悬而未决,欧洲大陆的团结在难民的冲击下尤为苍白和乏力。

面对日渐增长的难民压力，欧洲开始选择对外转移压力，与盟国、邻国关系趋于微妙，欧洲对美国心生嫌隙。时任欧盟"外长"莫盖里尼称，难民危机"不仅是欧洲危机，而且是地区危机，是全球危机"。捷克总统泽曼直言，近日欧洲难民潮，根源来自美国军事干预中东、北非地区。德国《明镜周刊》称美"躲躲藏藏"，迄今只接收1500名叙利亚难民，美国作为"传统移民国家是个笑话"。对俄罗斯亦是不假辞色。欧洲舆论暗示，俄罗斯维护叙利亚巴沙尔政权，致叙利亚内战久拖不决，难民流离失所。在难民危机高峰时，保加利亚和希腊相继禁止俄罗斯运载叙利亚人道主义救援物资的飞机飞越其领空，指责俄罗斯武力支持叙利亚。对土耳其则是有求于人。为了让土耳其出手挡住难民潮，欧洲对其一向看不惯的土耳其总统埃尔多安屈膝逢迎。2016年3月，欧盟和土耳其达成难民协议，为换取土耳其改善难民营条件，加强边界守卫，阻止蛇头组织偷渡等举措，欧盟将分3年支付给土耳其60亿欧元，并加速土耳其入盟谈判及尽快落地对土耳其公民的免签措施。由于土耳其手握难民"蓄水池"，欧洲再与土耳其谈价值观外交时难免畏首畏尾，心存顾忌。欧洲的全球外交布局在难民危机的冲击下加速内卷，雄心受挫。

难民是秩序紊乱的症结，也是矛盾迭起的酵母。来自中东北非的难民潮挤垮了欧盟的难民收容机制，击穿了欧洲自我标榜的道德圣衣，释放了西方极右民粹主义的力量，掀起了欧洲国家内

第八章

部以及欧盟成员国之间新一轮的政治博弈，在一定程度上也影响了欧洲在当今国际地缘政治舞台上的角色与选择。

"大庇天下"与大安全

21世纪的我们正经历一场自二战结束以来规模最大的难民潮。全球难民人数从2011年的4250万增至2015年的6500万人，仅2015年就有1200万人流亡，意味着每天有3.4万人流离失所，每分钟有24人在寻找庇护所。现如今，地球上每113人中就有1个难民，如果这些难民组成一个国家，其人口规模将超过英国。人们还发现，平均1名难民流离失所的时间是10年，而不是10个月。20世纪中叶，联合国难民署成立之初，预计将通过3年时间完成难民安置的任务，结束自己的使命。然而，半个世纪过去了，联合国难民署发展成为一个年预算35亿美元、在超过125个国家拥有7000多名员工的永久性国际组织。这从一个侧面表明，难民流动问题不是暂时性的危机，而是具有长期性的挑战，是全球化时代无法回避的世界人口核心问题之一。从国家安全的角度看，更需要我们客观理性地看待难民现象，妥善积极地处理好难民问题。

欧洲在处理难民问题时纠合了太多情感价值的因素。欧洲首先将庇护难民的要义建构在宗教身份之上。教皇方济各称,人们对难民的忽视是一种"全球化的冷漠"。坎特伯雷大主教贾斯丁·韦尔比则表示:"作为基督徒,我们深信自己必须打破藩篱,并爱他们如己,在如今的世界寻求神的和平与公正。"简言之,"上帝的人民应该成为第一个向难民张开双臂的人"。欧洲进而将难民问题绑上道德伦理的战车,按价值标准行事。且不论冷战期间,出于两大阵营斗争的需要,美欧社会将接收来自东方逃亡的难民视为投向敌人的匕首,同是难民却区别对待,对匈牙利和越南的难民照顾得无微不至,对美国不承认的海地和萨尔瓦多难民则置若罔闻。在当代的难民潮中,欧洲把保护缅甸难民的行为视为对歧视少数者行为的不认同,将接纳叙利亚难民看作是对叙利亚总统阿萨德的谴责,认为摒弃对难民的保护,就是摒弃西方曾经作为全球领袖的历史。欧洲社会高举多元文化的旗帜,让禁止歧视的道德准绳凌驾于刑事治安犯罪的法律之上。在2015年跨年夜的科隆大规模性骚扰事件中,德国警察和媒体起先讳莫如深,因为不敢提及犯罪嫌疑人的外来人身份。持欢迎难民立场的欧洲人甚至高喊"开放的社会需要开放的边境",以价值导向瓦解了守边卫国的安全职责。

诚然,欧洲正面临人口老龄化和劳动力短缺的困扰。欧盟统计局的数据显示,到2060年时,欧盟人口仅比现在5.04亿人增加1300万,且其中劳动人口(15—64岁)将由2014年的3.08

第八章

亿降至 2.65 亿，老年人口抚养比（65 岁以上老人占劳动人口比例）将从 2010 年的 28% 上升至 58%。2021 年，德国新政府宣布，要让德国成为"移民国家"。新政府将简化德国国籍获取程序，为居住满 5 年，没有刑事犯罪记录的外国人提供 1 年临时居留许可，便于其实现获得永久居留权的其他要求。但事实上，寄希望于通过难民和移民解决欧洲的人口问题并不现实。德国经济研究所曾经做过一份调查，欧洲 6 个主要难民来源国（叙利亚、阿富汗、伊拉克、厄立特里亚、伊朗和索马里）中，厄立特里亚学龄儿童入学率为 40%，索马里则仅有 20%，职业培训和专业知识学习普遍不足，并不能适应德国的生产技术要求。德国教育经济学家路特格尔·弗施曼认为，难民大军中只有 10% 的人在就业市场有机会，其余 90% 的人只能依靠德国的福利体系。尽管来自非洲和中东地区的移民年轻力壮、生育率高，能在数据上迟滞欧洲人口变老、变少的速度，但是先不管难民和移民究竟是带来人口红利还是分摊福利的糊涂账，单就其同时带来的族群矛盾、文化冲突、社会隔阂等一系列新的人口问题，就不容等闲视之。难民不是冰冷的统计资料，在一定程度上，欧洲企图以难民和移民补充劳动力缺口、改变老龄化困境，不过是在所谓"理性"包装下的一厢情愿而已。

正视难民问题不仅要有大庇天下的情怀，更要有大安全理念的支撑。不能因为反对难民问题的安全化和政治化，就因噎废食，否认难民问题中具有安全属性的一面。

　　实际上，难民问题与安全问题息息相关。和平虽然是国际社会的主流，但当今世界并不太平。自冷战结束至今，民族国家深陷内战漩涡，年均内战数量为此前200年的10倍。战争是最为迅速的"难民制造厂"，仅叙利亚内战就产生了1500万难民。与此同时，21世纪的难民潮与非传统安全的联系也日渐凸出。2016年有超过2400万人因为自然灾害而成为国内流离失所者，其中有86%是由于洪水、大火、暴雨等气候相关灾害所致。关于叙利亚冲突的原因，有学者认为与该国东北方2008—2012年发生的干旱有关，旱情导致大批农民和牧民从乡村逃往都市，进一步引爆了对国家的不满。所谓"气候难民"问题正引起国际社会的广泛关注，而日新月异的信息技术正成为难民行走天涯的"掌中宝"。手机的全球定位系统能指引人们成功渡海，应用软件有专门的难民旅行指引，脸书、推特等社交软件已成为难民路线信息的集散地，是救助难民的非政府组织与靠运送难民牟利的人口贩子的免费广告平台，也是难民抵达目标国时获取当地资讯的重要渠道。在难民营里可以看到，年青的难民几乎人手一部智能手机。互联网不是法外之地，如何甄别、应对附着在互联网上针对难民的犯罪活动，织密人口流动的安全网，也是需要引起重视的安全问题。

　　有欧洲学者指出，欧洲的难民危机从根本上讲是一场边境管控的危机。欧洲申根区的制度设计存在严重的安全隐患。它虽然为欧洲内部自由流动提供了极大的便利条件，但欧盟不是主权国家，边境管理权依然属于各个成员国的主权范畴，一体化架构下没有相应的部门能真正担负起安全职能，在成员国的自身安全与欧盟的共同安全之间有相互推卸责任的可能。当难民以涓涓细流而来时，欧盟各国尚能以都柏林的君子协议应对；当难民如潮涌而至，欧盟各国就视之如洪水猛兽，相互推诿，要么放弃边检，挥手送往其他成员国，要么加强自身边检，在自家边境上围追堵截。而一旦难民顺利入境，则又无流动限制，任期随意迁徙，以致恐怖分子能以难民身份入境后深入欧洲腹地制造恐袭。2016年，在欧洲因向难民开放边界而承受经济社会之痛时，慕尼黑经济研究所前所长辛恩教授不无反思地说："只有边界在，一个和平、开放和自由的社会才会存在。"

值得进一步深思的问题是，欧洲的难民危机折射出如何统筹自身安全与共同安全的问题。中东北非的难民将欧洲作为目标地区既有地缘因素，也有深刻的历史根源。欧洲多国曾经是这些地区的殖民宗主国，在攫取了当地的发展资源之后，留下了混乱的秩序和贫瘠的人民。有执意奔赴欧洲的难民坦言："以前的白人没有签证就渡海来到了非洲，我们也从白人那里学会了如何长途跋涉。"而由美西方挑起的西亚北非局势动荡更是成为欧洲难民危机的最初引线。可见，没有一个国家能凭一己之力谋求自身绝

欧洲何以成为难民的"天堂"

对安全，也没有一个国家可以从别国的动荡中收获稳定。正如习近平总书记所言："我们应该坚持共同、综合、合作、可持续的新安全观，营造公平正义、共建共享的安全格局，共同消除引发战争的根源，共同解救被枪炮驱赶的民众，共同保护被战火烧灼的妇女儿童，让和平的阳光普照大地，让人人享有安宁祥和。"

第八章

参 考 文 献

1 张健:《失序与迷茫:大变局下欧洲的未来》,时事出版社2021年版。

2 张丹红:《欧洲之痛:难民浪潮还是贫困入侵》,人民日报出版社2020年版。

3 [英]帕特里克·金斯利著,孙文龙译:《我未尽的苦难》,中信出版社2017年版。

4 [德]马克·恩格尔哈特编,孙梦译:《难民革命:新的人口迁移时如何改变世界的》,文化发展出版社2019年版。

5 [加]珍妮弗·维尔什著,鲁力译:《历史的回归:21世纪的冲突、迁徙和地缘政治》,南京大学出版社2020年版。

第九章

少子老龄化会让日本走向消失吗

第九章

人口的规模和结构影响国家经济增长、科技进步和军事力量，是一国综合实力的重要组成部分，世界主要大国的标志之一就是需具备一定的人口规模。二战后日本的高速发展与其人口快速增长密不可分，但如今日本却成为世界上少子老龄化问题最严峻的国家之一，人口规模逐年减少，经济增长停滞不前，社会问题日益突出，威胁国家长远发展与安全。

日本少子化与老龄化问题既有自身原因，也是发展到一定阶段的必然产物，是经济、社会、科技等因素综合作用的结果。少子老龄化所带来的劳动力减少、社会负担增大等问题对社会发展产生极大的负面影响。为应对少子老龄化问题，日本在教育、社会保障、资金、就业等方面采取了一系列应对措施，但效果并不显著。人口结构的变化促使日本逐渐形成暮气沉沉的"低欲望社会"，日本经济也长期低迷，未来日本人口问题或愈发突出，可以说人口安全真正成为日本国家发展和安全的关键制约因素。

2021年11月30日，日本总务省发布了2020年日本人口普查确定值。根据统计，日本的总人口为1.26亿人，比5年前的调查减少94万人。其中，主要劳动年龄人口（15—64岁）为7508万人，比5年前的调查减少226万人，与顶峰1995年的8716万人相比减少13.9%。65岁以上人口比5年前的调查增加6.6%，达到3602万人，创历史新高；14岁以下人口减少5.8%，至1503万人，创历史新低，少子老龄化趋势愈发明显。

日本47个都道府县中有38个道府县人口下降，特别是1950年以来日本人口总数首度跌出世界前10位，成为排名第11的人口大国。数据显示，日本东北偏远地区的秋田县人口下降6.16%，岩手县下降5.34%，青森县下降5.32%，全国1719个市町村中有1416个市町村人口

第九章

下降，降幅超过5%的地方自治体达到一半以上，家庭平均人口2.27人，也为历史最低，仅有东京、大阪、福冈等城市圈人口增加，有评论担忧日本面临人口下降而造成国家破产的可能，长期看日本或将走向消失。

第九章

少子化危机

如今，我们经常用"少子化"来描述人口问题，"少子化"一词并不是传统人口学的专业用语，而是日本创造的新词。1992年日本经济企划厅发布《国民生活白皮书》，副标题为《少子化社会到来的影响与应对》。这是"少子化"一词首次出现在日本公开发行的政府出版物上，也是第一次进入公众视野。其对"少子化"做了具体界定和说明，指出少子化是"出生率的降低及与之相随的家庭和社会中儿童数量的下降趋势"，还认为出生率下降造成的儿童和年轻人减少的社会是"少子社会"。2004年日本内阁府发布的《少子化社会白皮书》在总结《国民生活白皮书》有关定义的基础上，进一步提出"少子社会"指的是"总和生育率严重低于人口更替水平，且儿童数量少于老年人口（65岁以上人口）数量的社会"。

日本在二战后出现了两次生育高峰，分别是1947年至1949年的第一次婴儿潮和1971年至1974年的第二次婴儿潮。第一次婴儿潮期间年均出生约270万人，被称作"团块世代"；第二次婴儿潮期间年均出生约210万人，被称作"团块二代"。此后日本的年出生人口再也没有超过200万人，开始持续快速下降，在1989年降至130万人以下。此后，日本出生人口的下降速度虽然有所减缓，但总体上仍保持着逐年下降的趋势。从总和生育率的变化来看，在第一次婴儿潮期间日本的总和生育率一直维持在4.3以上，从1950年开始迅速下降，其后近20年间在2.1左右波动。

一般认为总和生育率低于人口更替水平（2.1）为少子化，低于1.8为严重少子化，低于1.5为超少子化。与此类似，日本人口学研究会编纂的《现代人口辞典》定义总和生育率低于更替水平、高于1.5为缓少子化，低于1.5为超少子化。受1973年石油危机的影响，日本经济在1974年出现了二战后的首次负增长。这一年在日本人口发展史上也是具有标志性意义的一年，是日本第二次生育高峰的最后一年，也是日本进入少子化时代的第一年。这年日本总和生育率为2.05，低于人口更替水平的2.1。1975年日本总和生育率为1.91，战后首次跌破2.0，从此一路下滑，1989年下降到1.57，低于1966年的1.58，创战后最低，震惊日本朝野，被称为"1.57冲击"。此后日本总和生育率一蹶不振，日本总和生育率于1974年低于人口更替水平之后，再没有恢复到人口更替水平，且距离越来越远。少子化问题至此才得到日本国民的重视，出生率低下和少年儿童人口减少在日本成为受到广泛关注的社会性问题，"1.57冲击"成为日本政府正式开始

第九章

探讨少子化对策的契机。

1995年以后，日本生育率进一步走低。一方面，1995年日本总和生育率降至1.42，跌破1.5关口，日本落入"低生育率陷阱"，陷入超少子化困境。此后，日本总和生育率进一步走低，2003年下降到1.3以下的极低生育率水平，2005年降低至1.26，创日本战后最低水平，2006年后有所回升，2017年为1.43，但仍处于超少子化水平。另一方面，人口出生率没有随总和生育率的回升而升高，反而由2006年的8.7‰下降到2016年的7.8‰。由于少子化的加剧，1997年日本0—14岁少儿人口占总人口比率降至15.3%，低于65岁及以上老年人口占总人口比率（15.7%），日本正式进入"少子社会"。2009年后日本总人口持续减少，进入到"人口减少社会"。

日本之所以步入"少子社会"，首先是随着时代发展，日本年轻人的生活方式、婚恋观和生育观发生变化。20世纪80年代末90年代初日本泡沫经济崩溃后，经济长期低迷，少子老龄化日趋严重，传统家族制度、企业终身雇用制度和年功序列制度日趋动摇，社会保障制度捉襟见肘，贫富差距日益拉大。日本社会的这一系列变化再加上全球化和互联网的影响，日本年轻人的生活方式以及人生观、价值观、婚恋观、生育观等均发生了较大变化。日本年轻一代生长于物质富裕、生活优越的时代，相比他们"团块世代"的父辈，这一代年轻人已经完全抛弃了父辈们"以企业为家，甘为企业牺牲小家"的人生信条。他们没有太大的经济压力，为了生活更加自由自在，不买房子、不买汽车、不关心名牌。他们更专注于自己的兴趣和爱好，对工作普遍缺乏干劲，不愿为工作牺牲自己的生活时间，也不愿为养育孩子而放弃自己的生活方式。20世纪90年代以来，日本人的生育观也发生着变化，传宗接代的观念已经过时，充实家庭生活、体验为人父母的乐趣、维系爱情、巩固发展婚姻关系等成为生育子女的新意义。

同时，生育也不再是妻子必须履行的义务。在生不生孩子、生几个孩子的问题上，日本女性有充分的话语权。特别是随着《男女雇用机会均等法》《男女共同参与社会基本法》等法律法规的出台，女性就业率不断提高，男女工资差别逐渐缩小，日本女性在经济与精神上越来越独立，人生道路的选择也越来越多样化。女性在职业、婚恋方面有了较多的自主权。越来越多的女性不再认同"结婚是女性永远的就业"等传统观念。由于生产和育儿使女性再次回到职场非常困难，因此很多女性选择不婚或不孕。随着女性经济状况的独立，女性到了一定年龄就要结婚生子的传统观念有所改变，很多人信奉"独身自由""婚姻是束缚""育儿辛苦、没有成就感"等，选择不婚的人群增多。此外，婚后选择"丁克"生活的年轻人人数也有所增加，有经济上的原因，也有主观不想养育孩子的原因。

调查表明，大多数日本单身男女不是不想结婚，而是想结婚而结不了婚。据日本国立社会保障人口问题研究所的《出生动向基本调查》（2015年）显示，日本人对于结婚的意识，18—34岁的男女受访者选择"会考虑结婚"的比例分别为85.7%和89.3%。当问及25—34岁未婚者中独身的理由时，男女选择最多的为"没有遇到合适的对象"，分别占45.3%和51.2%。一些年轻人结不了婚与他们不擅长人际交往，特别是与异性交往能力欠缺有关，这批人被称之为"恋爱弱者"。还有一些人即便是通过相亲与异性相识，却往往因缺乏主动而很难成功。

其次，养育孩子的经济压力过大。据统计，一个孩子从出生到进入私立大学毕业要2000万日元以上，进入公立也要1000万日元以上。如果生育多个孩子，其费用更是可观，虽然有国家的补贴，但对于多个孩子的养育也是杯水车薪。高等学校的升学率自1978年以来已超过95%，因此教育的费用总额大幅增加。根据厚生劳动省2016年国民生活基础调查概要显示，育儿家庭的年收入为707.6万日元，比2013年的调查有所减少，因为觉得育儿辛苦、资金紧张的家庭数目有所增加。此外，根据调查，超四成的家庭存款有所减少，其中30—59岁的家庭"教育、结婚、旅游"的支出占三成。日本国立社会保障和人口问题研究所"第14次出生动向基本调查"显示，婚龄在5年内的夫妇理想的子女为2.3人，但实际拥有子女为2.08人。调查还列举了不能拥有理想子女数目的原因，其中选择最多的为"育儿、教育上花费太大",尤以 30 岁以下的年轻人为最。经济上的考量造成了实际生育孩子数目与理想生育孩子数目之间存在差异。

另外,育儿与工作兼顾的社会环境尚不完善。随着家庭模式的变迁,三代同堂大家庭减少,人数少的核心家庭增多。祖父母一代参与育儿情况越来越少,但工作与育儿兼顾的社会环境尚不完善,保育园数量不足,育儿成本高。不少儿童到了入托年龄却进不了保育园,出现"入托难"现象,东京、大阪等大城市的情况尤为严重。因此,双职工家庭在工作与育儿之间产生了难以调和的矛盾,特别是双职工家庭的妻子,既要工作又要承担育儿和家务,往往身心俱疲。

> 日本小学生

第九章

对此，日本政府采取了多种措施应对少子化问题，全面推行以政府为主导的鼓励生育政策。自 1994 年以来，日本制定和实施了《关于今后支援育儿施策的基本方向》《育儿休业法》《关于培养支援下一代的当前方针》《少子化社会对策基本法》《工作与生活调和宪章》《为了推进工作与生活调和的行动指南》《关于支持工作和养育子女兼顾方针的意见》等政策，对结婚生育提供支援，促进男性积极参与育儿，推动"育儿支援"以及兼顾育儿和工作。近年来，日本政府为提高生育率采取了多种举措。安倍政府时期的"新三支箭"，就包含鼓励生育和支援育儿等多种措施，提出为实现平均生育率 1.8 人的目标，希望"创建任何人都能实现结婚、生育愿望的社会"，但目标远未实现。菅义伟政府提出创设"儿童厅"，将厚生劳动省、文部科学省、内阁府等机构的相关职能合并，为育儿及儿童教育提供更大支持，促进人口增加，但从目前来看，这些举措收效甚微。原因在于诸多措施仅仅是对当前生儿育儿的物质鼓励和辅助，并未从根本上解决日本人思想上不想结婚、不想生育的问题，况且整个社会的工作和生活方式并非一朝一夕就能轻易改变，所以未来日本少子化趋势或将持续扩大，"后继无人"的局面愈发严重，危及国家安全。

老龄化挑战

"老龄化"是指人口生育率降低和人均寿命延长导致的总人口中因年轻人口数量减少、高龄人口数量增加而导致的老年人口比例相应增长的社会状态。按照世界卫生组织的标准，进入人口老龄化的国家和地区，根据65岁及以上老年人口占总人口的比率分为老龄化社会（老年人口比率7%—14%）、老龄社会（老年人口比率14%—21%）和超老龄社会（老年人口比率21%以上）。随着新增人口的不断下滑，日本65岁及以上老年人总数和其在总人口中的占比均创历史新高，截至2020年9月分别达到3617万和28.7%，预计2035年老年人口比率将达到33.4%，即3名日本人中就有1名老年人，2060年将达到39.9%。日本由此成为全球主要经济体中老龄化比例最高的国家，是名副其实的"夕阳社会"。

日本老龄化是与少子化相伴而生的一种现象，两者有着密切关联。一方面日本新生人口不断下降。根据日本国立社会保障和人口问题研究所的预测，到2060年，日本少年人口、新生人口将减少到现在的一半。届时，劳动年龄人口将只有4418万人；目前的新出生人口递减趋势将持续不变，到2060年，日本的人口出生数将减少到48万。另一方面是老龄人口不断增加。随着生活条件和医疗水平的提高，人口的平均寿命将会继续延长，预计到2030年，日本人口的平均寿命将达到男性81.8岁、女性86岁，到2050年进一步提高到男性83.67岁、女性90.34岁。随着人口寿命的继续延长，中高龄人口的比例会进一步加大，形成少子老龄化社会的恶性循环，而超老龄的"夕阳社会"将给日本带来前所未有的挑战。

首当其冲的是社会保险系统负担沉重，长期难以为继。日本老年人的年金来自劳动人口缴付的国民保险费，由于日本社会保障制度建立较早，坚持全民化发展，积累充分，劳动人员支付充分，过去年金制度运转良好。但是，由于少子老龄化问题的日益严重，劳动人口减少而老年人口不断增加，仅靠征收的保险费难以支持不断增加的年金支出，现在通过提高劳动人员缴纳的保险费，提高支付年金的年龄，加大收入、减少年金的支出，虽然暂时还可运行，但并非长久之计，年金制度仍有崩溃的风险。

从人口抚养比看，2020年日本人口抚养比较1960年增长1.2倍，在发达国家中居首位，其中老龄化带来的老年抚养比增速高于少子化带来的少儿抚养比降速，1960—2020年老年抚养比、少儿抚养比年均复合增速分别为2.9%、-1.3%。从社保给付费看，抚养比的增长导致社保给付压力增大，根据日本厚生劳动省数据，2019年日本社会保障给付总额占GDP的22.1%。然而社保给付费的财源55.9%来自企业及劳动人口，受益对象却是老年人口。

以医疗费用为例，各年龄段医疗费用呈现两边高、中间低的特征，65岁及以上人口人均医疗费是劳动年龄人口的4.9倍。据统计，老年人的医疗保险费用是青年或中年人群的4倍，在日本因为有社会保险，病人仅需负担医疗费用的10%—40%，虽然各年龄段负担的费用不尽相同，但是一般的生病或医治时个人支付部分也不会超过医疗费用的40%。然而，这种社会保险必须基于当前劳动人口上缴的保险金来运行，因此，保险金上缴的金额不仅要提供给劳动人口，还需提供给老年人。随着少子老龄化的发展，上缴的医疗保费变少而支出给老年人的医疗保险费用变多，长此以往，医疗保险的运转会出现危机。

随着劳动人口减少，来自劳动人口的社保财源缩小，而老年人增长又使社保支出膨胀，政府财政压力加剧。从财政负担看，日本政府负担社保费用的比重自20世纪90年代起不断增长，1991—2019年政府负担比例由24.4%升至39.2%；同时日本面临由此导致的严重财政赤字，截止到2020年底，日本国家债务占GDP比重超266%，远高于发达国家60%的警戒线。

老龄人口的不断增加导致日本未来需要援助或护理的老年人数不断提高，而年轻人减少导致劳动力短缺、护理劳动力不足。根据日本政府估算，日本劳动力数量将从2015年的6598万人下降至2060年的4022万人，下降39.04%，年均递减数量将超过50万人。如果按照日本目前的护理需求率，预计到2060年需要

第九章

日本老年人在开出租车

护理的老年人将接近1035万人，超过届时预测总人口的10%。更为不利的是，严峻的老龄化形势、人口向都市迁移以及少子化和未婚化带来的家庭结构改变，使老年人独居与空巢的比例不断增长，加重了护理服务需求。由于未来需要照料的老年人不断增多，需要兼顾工作和护理家人的劳动者数量也将增加，而中青年一代兄弟姐妹数量减少、未婚比例增加以及夫妻共同工作比例的上升，有亲属分担护理责任的可能性降低。老年护理服务要求护理人员具备全方位技能，机械和器具无法完全取代人的沟通和照料作用，因此对劳动力具有较为刚性的需求。目前日本护理劳动力已经出现短缺，日本厚生劳动省预计到2025年护理人员需求达 253 万人，其中供给达 215.2 万人，缺口达 37.7 万人，缺口人数约占需求总数的 15%。

对此，日本政府也意识到了问题的严重性，制定了诸多政策来积极纾解困境。2013 年 12 月，根据《老龄社会对策基本法》又重新制定了新的《老龄社会大纲》。大纲指出，战后出生人口数量巨大的世代进入老龄期，日本正式步入老龄社会，明确社会定位的同时也应推动政策发展。政策内容包括重新审视老年人的精神面貌、健康状况、做好疾病预防工作、促进老年人参与社会活动、站在男女共同参与的视点制定规章政策以及医疗技术、通信技术对老年人的应用等方面。为建立适合少子高龄化社会的医疗体制，日本对医疗、保险制度做出了调整，旨在建立适合老年人的医疗体系和社会福祉。

日本政府还积极促进延迟退休和老年人就业。2013 年，内阁府《老龄社会白皮书》指出，应促进企业面向老年人的雇佣、扩大老年人雇佣职业范畴，对于雇佣以及介绍老年人就业的企业和猎头公司进行支援，以解决老年人的就业问题，从而缓解劳动力不足的社会矛盾。根据《短时间劳动者雇佣管理改善法》等相关法规确保短时间劳动者的待遇，促进雇佣形式的多样化。同时政府为老年人提供学习活动的支持，鼓励老龄人口就业，为老龄劳动者提供再就业、创业的机会。

老龄化的持续加大了国家财政压力，因此政府推进了年金制度以及退休金制度的改革。2017年制订的"工作方式改革实施计划"中，将促进老年人就业纳入一体，实施"修改雇佣保险法等相关法律"，将65岁以上的劳动者也视为雇佣保险的适用者。2019年，日本推出了"全世代社会保障制度"，规定工作年龄可以延迟到70岁，临时工的工作亦加入养老金制度。

日本企业劳动力不足，对工作经验丰富的老年人有一定需求。在日本，延迟退休年龄正在成为一种趋势。根据日本总务省统计局公布的劳动力调查年报显示：2019年日本65岁以上老年劳动人口为906万人，比2018年增长32万人。该数据说明日本促进就业的国家政策和法律法规起到了一定积极作用，针对老龄化和劳动力不足的严峻社会问题，鼓励老龄人口就业是较为积极有效的手段。

另外，日本政府加强实施对老龄人口的日常护理工作，实现多样的生活帮助。为确保老年人居住环境安定，为老年人居住提供便利条件，日本政府创设了新的居住安全网制度。2012年，日本政府进行护理保险制度改革，为老年人建立区域综合护理体系奠定基础，旨在加强医疗与护理的关系、方便购物送餐等生活支援、完善老年人居住环境，建立完善的居家护理体系，满足多数老年人的居家养老需求。护理保险制度改善了老年人的护理条件，无论收入高低，所有老年人均可享受到护理服务，并且可以自由选择适合自己的护理服务内容。2016年内阁府进行老年生活的满意度调查，80%的老年人认为没有受到经济的困扰，90%的老人对晚年生活满意。以上政策及制度，延长了老年人的就业，为老年人的医疗提供了保障，对缓解老龄化社会矛盾起到了一定的积极作用，却无法彻底解决日本社会的整体衰退。

"低欲望社会"的日本式衰退

"低欲望社会"是被誉为"日本战略之父"的大前研一提出的概念，用来形容日本社会失去朝气，年轻人生活态度消极、物质欲望低下、缺乏奋斗动力，年轻人没钱不能花，老年人有钱不敢花的暮气沉沉的社会状态。日本由此出现越来越多的"蛰居族"。日本厚生劳动省定义"蛰居族"为持续6个月以上待在家里不出门，几乎和外界断绝联系的人群，根据日本内阁府数据，15—39岁、40—64岁人口蛰居族分别达54.1万、61.3万。

有学者指出少子老龄化的人口结构是导致日本逐渐变为"低欲望社会"的重要原因，认为日本经济增长多年处于停滞状态在很大程度上也是归结于少子老龄化。日本自1990年劳动年龄人口占比达到顶峰后快速进入老龄化阶段，1996年劳动年龄人口（15—64岁）开始出现负增长，随着生育率的继续下降，2009年日本总人口出现负增长。

第九章

在人口老龄化和负增长的 30 多年时间里，日本实际 GDP 几乎零增长，名义 GDP 是负增长，有经济学家把日本经济陷入的窘境称为"日本式衰退"，其可以用"三低两高"来概括，即低利率、低通胀、低增长，以及高龄化、高债务，这也是"低欲望社会"和少子老龄化人口结构带来的衍生结果。

首先，少子老龄化影响劳动力的供给，导致日本劳动生产率下降，进而使经济增速持续放缓。日本潜在增长率自 20 世纪 80 年代的 6% 左右下跌到 90 年代初的 3%，再跌到 21 世纪的不到 1%，其根本原因就在于人口问题。日本人口结构变化通过劳动力供给与劳动生产率共同影响经济，老龄化导致劳动年龄人口增速转负、劳动生产率增速趋缓。1961—2020 年日本劳动年龄人口增速、劳动生产率增速与经济走势基本同步变化。伴随 1961—1975 年日本劳动年龄人口平均增速维持在 1.6% 的高位、劳动生产率增速达到 8.4% 峰值，实际 GDP 平均增速也维持在 7.7% 的高位；1976—1988 年劳动年龄人口、劳动生产率分别维持 0.9%、3.7% 的低速增长，实际 GDP 增速也降至 4.4%；1989—2020 年劳动年龄人口、劳动生产率增速分别从 0.9%、4.4% 大幅降至-0.8%、1.1%，实际 GDP 增速从 5.4% 降至-4.4%。1990 年前后日本劳动年龄人口占比、劳动生产率增速分别在达到 69.8%、5.76% 的峰值后下滑，加之当时的国内外经济环境变化，日本经济从此陷入停滞泥潭。

人口少子老龄化除了影响劳动力供给，还对日本科研资源产生挤出效应，叠加日本曾经长期实行终身雇佣制及年功序列制限制年轻人创新意愿，导致日本近年未能在全球主要大国技术竞争中取得曾经的辉煌。尽管终身雇佣制与论资排辈的年功序列制已逐渐崩溃，但长期实行的两种制度对日本科技创新产生长久的消极影响，企业组织过于冗余，难以淘汰低素质劳动力。当前日本技术创新型独角兽企业数量明显落后，截至2021年10月，日本独角兽企业数量仅6家，大幅落后于中国的168家和美国的447家，且估值均小于20亿美元。

人口结构的变化还对日本消费结构产生影响。2000—2020年日本汽车销量年均下滑2.9%，2020年医疗费用占GDP比重升至8.0%，在OECD国家处于较高水平。不同年龄段的人口消费偏好不同，年轻人偏爱汽车等耐用品，中年人偏好子女教育，老年人对医疗保健需求旺盛。根据日本总务省统计局2020年家庭收入与支出调查，日本0—29岁人口的房租、交通通信支出占其消费支出的比重分别为15.2%、18.3%，显著高于其他年龄段；30—59岁人口教育支出占比相对较高，60岁及以上人口的医疗保健、食品、水电燃气的支出占比相对较高。随着日本劳动年龄人口数量逐渐减少，汽车销量2000年见顶至821.4万辆，2000—2020年汽车销量年均下滑2.9%。

但日本老龄化程度加深也促进了自动化、人工智能和健康行业的繁荣发展。自动化方面，日本每年机器人产量占全球的50%以上；健康产业方面，健康消费需求不断增长，根据日本厚生劳动省数据，日本医疗费用占 GDP 比重从 1992 年的 4.9% 升至 2020 年的 8.0%，在 OECD 国家中处于较高水平。

虽然老龄化也带来了新的消费需求，但总体来看，老年人的消费往往少于年轻人，尤其是耐用消费品和住宅，在老龄化的社会，这些都属于容易过剩的商品。例如，在住房方面，根据日本政府数据，2018 年日本住房空置率已经高达 13.6%，预计到 2033 年，日本房屋空置率将会达到 30%。商品过剩后，生产这些商品的机器设备厂房也都将过剩，因而不会有新的投资，投资就成了总需求中萎缩程度最大的部分。日本房地产泡沫破裂的 1990 年恰是日本劳动年龄人口占比达到顶峰、开始进入快速人口老龄化的年份，此后，日本房价地价一蹶不振。

比如日本有个地方叫汤泽町，是一个滑雪胜地，也是川端康成的小说《雪国》的故事发生地，那里有上万套滑雪度假公寓。后来去滑雪的人越来越少，公寓价格一直下跌，业主持有房屋还需要不断缴纳固定资产税和物业税。大批业主纷纷抛售房产，但是购房者寥寥无几，还有很多大量拖欠物业费的房子被拿去拍卖，起拍价 1 万日元（约合人民币 500 多元），但仍然没人要。原因是如果拍下房子，就需要把之前欠的税费全部补上，还得支付法院、银行相关的拍卖费用，总成本可能比房价本身还贵。后来，有家日本房产中介公司表示愿意接盘，收购这批房子，但他们并不付钱，而是让业主反过来向他们支付120万日元（约合人民币8万多元）的费用，中介公司以这种方式收购了约1000套房子。

汤泽町度假公寓这种情况在日本并不是特例。在日本核心都市圈以外的地方，有大量的土地和房屋闲置，无人继承。这些土地和房屋因地处偏远、没什么商业价值，而继承还需要支付遗产税、固定资产税和维护管理费用，所以很多人宁愿放弃继承。在日本因无人继承而"所有人不明"的土地达到410万公顷，比日本九州岛还大。

在这样的经济背景下，日本政府财政负担和政府负债率持续上升。1990年日本经济泡沫破裂后，由于需要以扩张政策支撑经济，日本财政赤字不断扩大。截至2020年，日本政府负债占GDP已达266%，远高于美国、欧元区等主要经济体。由于日本央行的量化宽松政策，日本财政的利息支出在过去10年并未提高。然而，日本财政政策最大的问题在于支出结构，在日本财政支出中，最大的科目是给予老年人的社保支出，并且这一支出在不断增加。相较之下，能够提高技术水平、让年轻人受益的教育科研支出不足。这也是日本技术进步落后于美国、欧洲国家和中国的原因之一。

在这样的恶性循环下，日本经历了30多年发展停滞期，一直经历着痛苦的通货紧缩。30多年来，日本的核心CPI呈现负增长态势，耐用消费品价格和土地价格下跌一半。安倍政府曾经希望通过所谓的"安倍经济学"（财政政策、货币政策和结构性改革"三支箭"）来提高物价水平，但并无实际效果。"安倍经济学"实际仍然是传统的经济刺激政策，希望通过低利率刺激投资和消费，进而提振经济，但日本持久的通货紧缩表明总需求萎缩得比总供给更快。

近年为解决日本人口减少带来的劳动力不足问题，日本开始修订移民法案，逐渐接纳更多的外国劳动人口进入日本。2018年12月日本政府依据国会刚刚通过的《出入境管理及难民认定法》，决定接纳包括护理、建筑等14个行业在内的外国劳动力，预计最多将增加引进34.5万外来劳动人口。虽然日本政府对移民政策进行了诸多调整，但是始终未改变其严苛的基调。日本民众由于文化和民族认同反对宽松的移民政策，以规避潜在的经济风险和安全风险。一些日本民众担心移民会抢占本国国民的就业机会，产生日本国民失业率和就业成本增加等经济风险，所以日本的移民政策很难彻底放开。如果日本无法从根本上解决人口的结构性问题，其经济衰退和萎缩可能会一直持续下去，导致日本综合国力不断下降，人口问题由此成为威胁日本国家安全最严重的因素之一。

参 考 文 献

1. 高橋重郷、大淵寛：人口減少と少子化対策、日本原書房、2015年。
2. 福田慎一：人口減少がマクロ経済成長に与える影響——経済成長理論からの視点、日本経済分析、2017年。
3. 佐藤龍三郎：日本の「超少子化」その原因と政策対応をめぐって、人口問題研究、2008年。
4. 大淵寛：少子化の人口学、日本原書房、2004年。
5. 王伟:《日本少子化进程与政策应对评析》,《日本学刊》2019年第1期。
6. 胡澎:《日本人口少子化的深层社会根源》,《人民论坛》2018年第21期。
7. 任泽平:《日本人口报告》,2020年。

第十章

印度、非洲的"人口红利"

第十章

联合国人口基金会（UNFPA）将人口红利定义为"人口年龄结构变化可能产生的经济增长潜力"。当一国劳动年龄人口（15—64岁）比例大于非劳动年龄人口（15岁以下、65岁及以上）时，最容易获得人口红利。如何在未来将人口红利的潜力转化为经济增长的动力，使高素质人口成为经济安全与社会安全的重要保障，成为未来人口第一大国印度和"最年轻大陆"非洲需要共同探索的难题。

第十章

人多力量未必大

提起印度，除了泰姬陵，人们脑海中总会浮现出火车挂满乘客的经典场景。英国历史学者迈克尔·伍德在BBC纪录片《印度的故事》中有一句经典的解说词："在印度，你永远不会感到孤独。"每一个去过印度的人都会被印度街道上的汹涌人潮所震撼。根据联合国《世界人口展望2019》，印度人口有望在2019年至2050年间增长2.73亿，并在2027年超越中国成为世界第一人口大国。经济合作与发展组织（OECD）估算2020年印度人口为13.8亿，其中15岁以下人口占26.2%，高于中国（17.7%）、印度尼西亚（24.5%）、巴西（20.9%）、墨西哥（25.8%）等人口过亿的新兴市场国家；65岁及以上人口占比仅为6.6%，同样低于中国（12.0%）、巴西（9.8%）、印度尼西亚（6.7%）、墨西哥（7.6%）。目前，作为仅次于中国的世界人口第二大国，年轻有活力的人口始终被视为印度综合国力增长的重要动力。

据国际货币基金组织（IMF）2011年发布的研究报告，人口红利已经为印度20世纪90年代经济改革以来的高速增长助

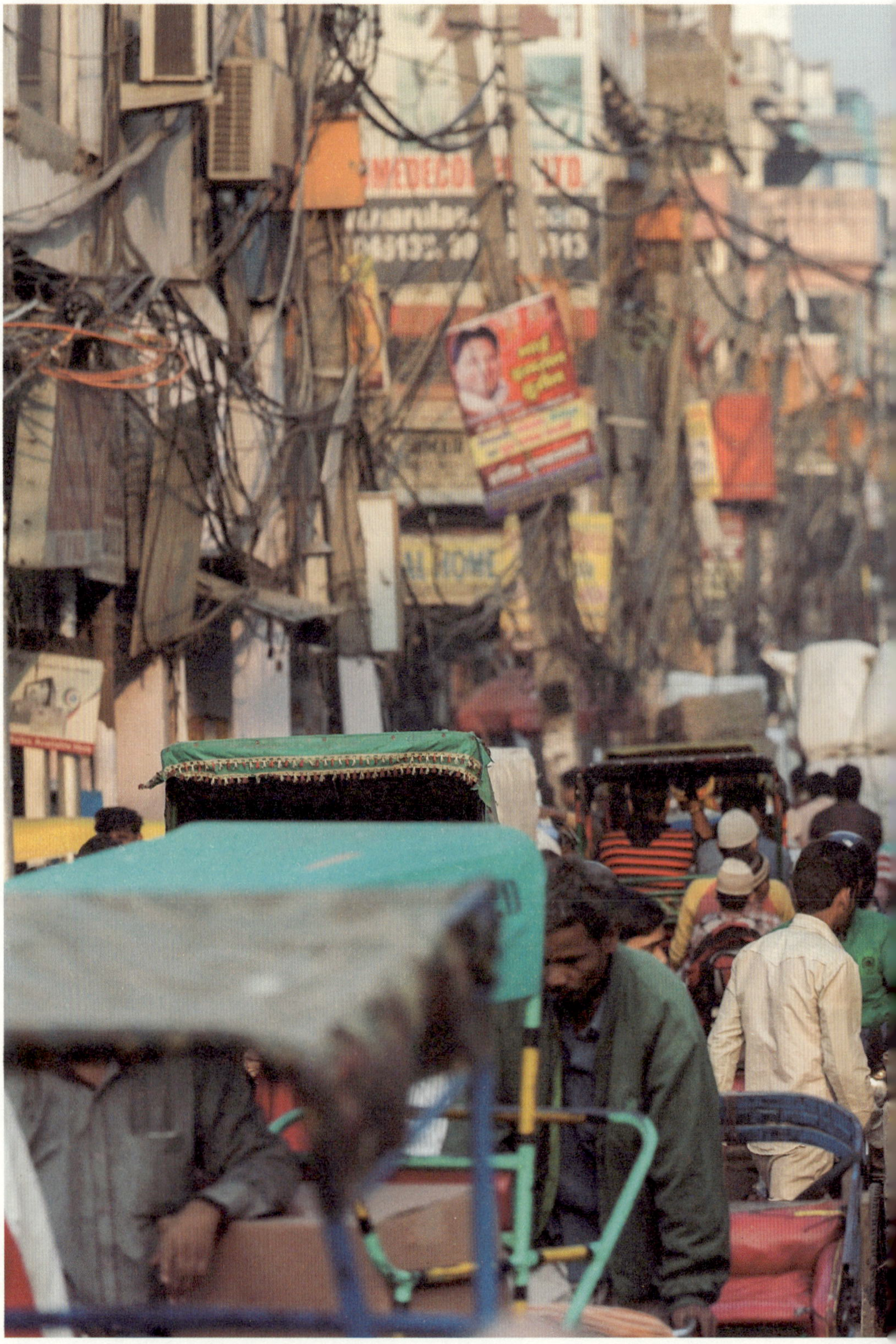

印度德里

力，并且将在此后的20年时间里为印度人均GDP的增长贡献约2个百分点。与此同时，人口红利成为比较中国和印度两个人口超10亿国家经济增长潜力的重要指标。学界普遍认为，相比于已经进入老龄化社会的中国，印度的人口红利更为持久。世界银行数据显示，印度人口抚养比（非劳动年龄人口数与劳动年龄人口数之比）已从2000年的64%下降至2020年的49%。尽管当前印度由于儿童人口抚养比较高且在总抚养比上高于中国，但在未来随着低生育率与高老龄化的叠加，中国的人口抚养比将呈现逐年上升趋势。2051年中国的人口抚养比将远超75%的世界平均水平，成为经济社会可持续发展的重大难题。与此同时，得益于庞大的年轻人口与出生率的逐步放缓，印度人口抚养比将在较长时期内保持平稳，持续释放人口红利。印度人口基金会执行主任卜纳姆·穆特利亚（Poonam Muttreja）预测，印度的抚养比将在未来20年里稳定在50%左右，人口红利的窗口期有望持续到2061年，届时印度的抚养比将达到67%的高水平。与同时期进入严重老龄化的中国相比，印度在未来的二三十年内仍将拥有充沛的适龄劳动人口，在人口指标上更具竞争力。

尽管从人口模型上来看，印度具有无可比拟的人口红利优势，但人口红利能否顺利转化为经济高速增长的动力，仍然需要卫生、教育、就业等一系列的社会保障做支撑。正如联合国人口基金会在其指导原则中所言，只有在确保劳动年龄人口拥有良好健康、优质教育、体面就业的前提下，人口红利才能真正获得释放。20世纪后期，东亚国家曾充分利用劳动力充沛的有利因素，实现经济高速增长，创造GDP增长7倍的"亚洲经济奇迹"。与此同时，同属人口红利窗口期的拉丁美洲，却只实现了2倍的GDP增长。究其原因，拉丁美洲多数国家在这一时期奉行新自由主义的经济政策，政府大幅度削减公共开支，弱化医疗、教育等社会公共服务职能。大量民众无法在教育、医疗等方面获得充分保障，进而降低了就业能力，影响劳动力市场的供给。就业问题加剧了社会贫富差距，制约了市场经济的健康与稳定发展，使拉美的人口红利未能得到充分释放。

从卫生、教育等刺激人口红利的社会保障体系来看，印度可谓喜忧参半。医疗卫生方面，得益于印度低廉的药品价格和人力成本，印度能以较低成本实现医疗卫生系统全国覆盖，并且在公立医院提供一定程度的"免费医疗"。但实际上，由于政府资源投入不足、医疗质量缺乏有效管理，印度的公共卫生条件十分恶劣。作为人口超10亿的大国，印度政府在公共卫生上的支出长期在GDP的1%左右徘徊，甚至低于世界银行统计的低收入国家平均水平。早在2011年，时任总理曼莫汉·辛格就曾在独立日演讲中宣布将印度公共卫生支出提高到GDP的2.5%。莫迪接任总理后，同样在2018年宣布印度要在2025年将公共卫生支出扩大到GDP的2.5%，达到1000亿美元以上。尽管历届政府均宣称扩大公共卫生支出比例，但在政策执行上却大打折扣。根据印度政府发布的《2019年国家健康档案》，印度公共卫生支出占GDP的比例从2009—2010财年的1.12%上升到2018—2019财年的1.28%，在近十年的时间里仅提高了0.16个百分点，与2.5%的目标相去甚远。

政府投入不足的原因背后是公共卫生水平的长期落后。公立医院普遍存在医疗资源有限、硬件设备落后、诊疗水平低下的严重缺陷，医疗事故层出不穷，甚至出现公立医院无力支付氧气费用导致数十名患者死亡的特大医疗事故。医学杂志《柳叶刀》2018年发表的一份报告显示，在印度每年因医疗事故死亡的人数高达160万，位列该项调查涉及的137个国家之首，甚至超过了因无法及时就医而死亡的人数。与公立医院勉强维持的窘境相反，印度私立医院商业化水平极高，不仅硬件设施先进、医疗水平全球领先，还在服务水平上比肩高级酒店，使"医疗旅游"成为印度外向型服务业的金字招牌。然而，高质量的私立医院毕竟数量有限，其相对高昂的价格也使绝大多数普通民众望而却步，难以满足印度庞大的医疗保障需求。《2019年国家健康档案》显示，印度每千人病床数仅为0.55（含公立、私立医疗机构），落后于巴基斯坦、孟加拉国等南亚邻国。其中，占全国人口70%的12个邦低于全印度平均水平，人口过亿的比哈尔邦每千人病床数仅为0.11，凸显印度国内医疗卫生资源的严重不平衡。脆弱的卫生系统让印度在面对新冠肺炎疫情时付出了极为惨重的代价，迫使印度各界开始认真反思，如何通过提高公共卫生水平保护民众生命健康，为人口红利的释放与经济的可持续发展带来基本保障。

印度在教育和识字率上的表现则相对乐观一些。作为发展中人口大国，印度拥有全球数量最多的文盲人口，消除文盲的任务极为艰巨。根据联合国教科文组织2014年发布的报告，印度文盲人口数量高达2.87亿，占全球文盲人口的37%。全球每3个文盲中就有1个是印度人，对于追求大国地位的印度而言难以接受。事实上，印度自独立以来在扫除文盲、提高识字率上付出了艰辛的努力。印度自1988年启动"全国扫盲计划"（National Literacy Mission），重点在15岁至35岁的青年人群中开展扫盲工作。2009年印度政府又将该计划升级为"识字印度"（Saakshar Bharat），计划将全国的识字率提升至80%，同时向脱离文盲的人群提供成人教育与技能培训。在政府与社会机构的不懈努力下，印度15岁以上人口识字率从1991年的48.22%提升到2018年的74.37%，成功摆脱父母文盲导致下一代文盲的"低识字陷阱"。与此同时，得益于印度较高的初等教育毛入学率，15岁至24岁人口识字率从1991年的61.9%提升至2018年的91.66%，这也就意味着印度的文盲人口数量有望在未来大幅缩小，不再成为印度社会进步的沉重负担。

受益于高等教育的精英培养模式，印度在全球尖端人才竞争上同样具备一定优势。尽管印度高等教育毛入学率仅为29.4%（2020年），低于全球平均水平，但庞大的人口基数和激烈的竞争环境为印度筛选出大量高素质人才。电影《三傻大闹宝莱坞》一定程度上反映了印度顶尖学府残酷的竞争环境。影片中"帝国理工学院"的原型为首任总理尼赫鲁亲自创办的印度理工学院（IIT），在全印度设有20余所独立运营的分校，以极高的淘汰率和毕业生丰厚的薪资待遇闻名。尽管印度理工学院的各所分校在大学排行榜上与世界顶尖名校相去甚远，但从这里走出的毕业生遍布全球各大科技企业，其中的佼佼者更跻身谷歌等科技巨头的高管行列，成为提升印度全球影响力的关键力量。

不过，印度理工学院的成功并不能掩盖印度高等教育整体水平落后的事实。受制于印度政府对高等教育投入的严重不足，除印度理工学院等少数精英名校外，绝大多数印度高等院校教学质量堪忧。公立大学缺乏高质量师资，教师缺勤习以为常，学生辍学率普遍较高。私立大学发展迅速，承担着全国约六成大学生的教学。但政府为鼓励私人资本进入教育产业，对私立大学的监管十分宽松，许多私立大学为扩大招生随意开设学位课程，教学质量同样堪忧。印度每年都有数百万大学毕业生在未掌握基本就业技能的情况下进入就业市场，致使企业雇主难以聘用到合适的人才，加剧印度的失业问题，成为社会安全的重大隐患。除此之外，印度高等教育还存在人才外流严重、文理失衡等一系列问题，难以为印度经济的高质量发展培养相适应的人才资源。

性别失衡之殇

2021年11月，印度卫生部发布的《印度全国第五次家庭调查报告（2019—2021）》显示，印度男女比例为1000:1020，首次出现"女多男少"的局面，引发印度舆论热议。部分官员称赞这一结果反映出长期困扰印度的人口性别失衡问题得到改善，政府在保障妇女权益促进性别平等上取得积极成效。但也有舆论质疑该项统计仅覆盖印度全国3亿户家庭中的60万户，样本代表性与结果准确性令人生疑。性别失衡及其背后的性别歧视始终是制约印度人口健康增长与社会经济发展的重大难题，针对女性的强制堕胎、杀婴弃婴、性暴力等问题屡见不鲜，2012年震惊世界的"德里公交强奸案"更使印度国家形象严重受挫，给社会安全带来严重危害。

时至今日，重男轻女的传统观念在印度依然十分普遍。由于嫁妆制度的广泛存在，不少传统的印度家庭对女孩存在严重偏见，认为女儿出嫁会消耗家庭积蓄并且成为别人家的劳动力，将生女孩视为"家门不幸"。尤其是在贫困落后地区，一些家庭迫于生计压力选择遗弃甚至杀害女婴，造成出生婴儿男女比例严重失调，引发严重的社会道德危机。诺贝尔经济学奖得主阿马蒂亚·森曾在20世纪90年代据此提出"失踪女性"（missing women）概念，指代那些因人为干预因素没能来到这个世界或者因性别偏好较早死亡的女性。阿马蒂亚·森在20世纪90年代估计，印度的"失踪女性"人口规模大约在2700万。更令人吃惊的是，即便在21世纪初印度经济实现高速增长，长期困扰印度的性别失衡问题也没有出现任何改善迹象。距今最近的2011年全国人口普查显示，印度7岁以下儿童男女比例从1961年的1000:976变为2011年的1000:914。正是基于此次人口普查，专家学者才提出质疑，印度的性别比为何在2011年至2021年的十年时间里出现如此巨大的逆转。

  经济并非是影响女性出生率的唯一因素，社会习俗与观念对大众性别偏好的塑造同样不容小觑。只有根除不平等的传统性别观念，才能有效避免性别比例失衡引发的各类社会问题。莫迪曾在2014年首任总理的就职演说上大声呼吁母亲们"不要追求儿子"，不要"为了生男孩而杀死女孩"。前总理曼莫汉·辛格同样在公开讲话中将遗弃、杀死女婴视为印度的"国耻"，号召全体公民彻底消灭这一陋习。消除性别歧视、缩小男女出生率的差距不仅关乎一国人口的健康发展，更为社会安全的保障带来积极影响，是历届印度政府共同追求的目标。然而，印度社会对女性的歧视不仅体现在出生率的性别比例上，更渗透到教育、就业等影响人口素质的关键领域。印度国家儿童权利保护委员会2018年发布的报告显示，印度15岁至18岁女性的辍学率高达40%，其中65%都是由于承担家务劳动而放弃就学机会。在部分地区，男女在受教育程度上的差异更为显著。印度国家统计局2020年发布的报告显示，作为农业人口大邦的比哈尔邦农村女性识字率仅为58.7%，远低于该地区农村男性的78.6%。而在高等学府集中、盛产工程师的安得拉邦，女性识字率仅有59.5%，同该邦男性识字率相差13.9个百分点。教育上的性别不平等不仅意味着印度妇女经济地位在不断恶化，由此引发的就业不足问题严重阻碍国家经济发展和社会稳定。统计显示，印度适龄女性劳动参与率一路走低，从2000年的32%下降到2019年的22.5%，不仅远低于中国（68.6%），在南亚国家中也低于孟加拉国（38.5%）和斯里兰卡（37.6%）。

虽然独立后的印度诞生过女性总理和多位女性部长，但印度女性社会地位并未获得彻底改善，性别不平等问题始终困扰着印度。2018年麦肯锡全球研究发布的报告称，印度可以通过鼓励女孩学习和就业，在2025年为该国的GDP增加7700亿美元。如何以优化的人口政策改变性别失衡、逐步消除传统社会中的性别歧视，成为印度释放人口红利、保障经济安全与社会安全急需解决的重大难题。

最年轻的大陆

非洲是人类发祥地之一，20世纪20年代以来的考古发现证明了这一点。从古代猿类演化为人的各个阶段的化石，在非洲大陆都有发现，表明人类的祖先在非洲大陆逐步进化，并进行物质资料生产或人口生产。据估计，在新石器时代非洲大陆总人口达125万，占当时世界总人口的20%。在远古时代和古代，非洲人口呈缓慢增长的态势，一直延续至15世纪。但在近代，西方殖民者在非洲近400年的奴隶贸易（15世纪40年代至19世纪80年代）使非洲丧失了大量人口，美国学者杜波依斯估计非洲丧失的人口为1亿，有些非洲学者则认为更高，1978年联合国教科文组织召开的会议上，有专家提出的数字为2.1亿人。这一时期非洲人口不仅没有增长，反而呈现停滞甚至减少。据英国学者卡尔·桑德斯估算，1650年非洲人口为1亿，1850年为9500万，即1850年的非洲人口比200年前减少了500万。此后，因殖民战争、瘟疫和饥荒，非洲人口出现延续停滞或下降的态势，一直到20世纪20年代初。据推算，1900年非洲人口为1.41亿左右，20世纪20年代初下降为1.4亿人。1945年至1960年，随着西方殖民体系趋于瓦解，加之社会生产力的提高和科学技术（尤其是医学）的进步，非洲人口出现增长势头，20世纪50年代非洲人口年均增长率达2.3%，至1960年，非洲人口增至2.75亿。

第十章

第二次世界大战后，特别是60年代大批非洲国家独立后，非洲人口开始加速增长。进入70年代后，非洲人口保持高速增长势头，80年代达到顶峰。据联合国《世界人口展望2019》显示，1960年至1965年非洲人口年均增长率为2.44%，1965年至1970年为2.54%，1970年至1975年为2.64%，1975年至1980年为2.78%，1985年至1990年达2.82%，此后直到2020年保持2.5%的增长率。非洲人口高速增长势头与世界其他地区形成鲜明对照。原先增长率较高的拉美和亚洲地区明显下降，原先人口增长率不算高的欧洲、北美和大洋洲地区保持低增长态势，唯独非洲人口增长节节升高。自20世纪70年代起，非洲已成为世界人口增长最快的地区。同时，非洲人口占世界人口的比例不断攀升。1960年，非洲人口为2.75亿，世界人口为30.37亿，非洲人口占世界人口的9.06%；1990年上述三项数字分别为6.42亿、52.92亿和12.1%。30年内，非洲人口占世界人口的比例提高了3.04个百分点。2009年非洲人口突破10亿，占世界人口（68.72亿）的14.6%；2020年上述三项数字分别为13.4亿、77.95亿和17.2%。仅10余年，非洲人口占世界人口的比例就提高了2.6个百分点。2020年后，非洲人口增速虽出现下降趋势，但预计一直到2100年仍将高于世界其他地区。据联合国报告估计，到2050年，非洲人口将达24.9亿，将占世界人口的1/4以上；到2100年，非洲人口将达41.5亿，将占世界人口的1/3以上。

印度、非洲的"人口红利"

> 埃塞俄比亚的制鞋厂

    非洲国家独立后人口高速增长的原因，主要是非洲人口由传统人口再生产向现代人口再生产转化，即由原先的高出生率、高死亡率、低增长率向高出生率、低死亡率、高增长率转型。尽管高出生率、低死亡率、高增长率是人口转变时期人口生产的共同特点，但由于各地区或国家的具体社会经济发展、传统文化观念不同，促成高出生率、低死亡率的因素也有所不同。从非洲地区看，当代人口高速增长主要有以下原因：一是人口与政治相互影响。非洲是多民族或多部族的地区，全非洲共有2000多个民族或部族，非洲国家都由若干个民族或部族组成，如尼日利亚有200多个民族或部族，安哥拉30多个，莫桑比克60多个，津巴布韦 10 多个。各部族存在强烈的部族意识，政党往往与部族融为一体，代表某一民族或部族的利益。为了赢得选举，政党或政客除动员本族参加选举外，一个重要的手段是鼓励本族成员生育，增加本族人口数量。二是人口生产与生产力水平互相适应。非洲国家长期受殖民统治，独立后经济发展滞后，生产力水平低下，农业在国民经济中占主导地位，劳动力也主要集中在农业生产部门。非洲的农业经济对劳动力数量有较高要求，对劳动力素质尤其是科学文化素质要求很低，这成为非洲人口高速增长的因素之一。三是人口生产受独特的社会文化影响。非洲社会长期形成了自己的生育观，如"传宗接代是人生头等大事""生儿育女能使人得到永生""人多有力量""人多才有保障""生育是由神所决定的"等传统观念。此外，一夫多妻、严禁堕胎等传统社会习俗和宗教因素，对非洲人口生产产生重大影响。

非洲人口结构最显著的特点是年轻化。2020 年非洲的中位年龄只有 19.7 岁。同年，拉美和加勒比地区中位年龄为 31 岁，亚洲为 32 岁，大洋洲为 33.4 岁，北美为 38.6 岁，欧洲为 42.5 岁，与非洲成鲜明对比。据联合国《世界人口展望 2019》的数据，2020 年，人口中 15 周岁以下所占比重，世界平均水平为 25.5%，而非洲却高达 41%；劳动适龄人口（15—64 岁）的比重，世界平均水平为 65%，非洲为 56%；老年人口（65 岁及以上）所占比重，世界平均水平为 9.3%，非洲仅为 3.5%。2020

年，25岁以下的非洲人口占非洲总人口的60%；35岁以下的非洲人口近10亿（15周岁以下有5.408亿，15—34岁有4.545亿），约占非洲总人口的3/4，占世界青年总人口的22.7%，仅次于亚洲（58%）。预计非洲青年人口的增长将快于世界其他地区，到2100年35岁以下非洲人口将达21.47亿，将占世界青年人口总数的一半。

有增长难发展

自20世纪60年代以来，非洲国家的人口高速增长对GDP、尤其是人均GDP的增长产生了不利的影响。一些原先经济发展基础薄弱的国家，经济发展更为缓慢，人均GDP长期停留在低水平上；一些原先基础较好的国家，其经济增长率也被打折扣。据世界银行估计，1989—2000年，撒哈拉以南非洲的实际GDP年均增长约3.7%，由于人口增长率保持在3%左右，因此同期实际人均GDP年均增长率仅为0.5%。进入21世纪以来，非洲经济增速一直保持中高水平，2014年虽开始放缓，但仍然高于世界平均水平。然而非洲"有增长，难发展"现象仍在延续。过去10年来，非洲人均GDP年均增长率仅为0.5%，几乎停滞不前。2019年非洲人均GDP仅有2000美元，远低于世界平均水平的 11300 美元（发达经济体、发展中经济体人均 GDP 分别为 47100 美元、5500 美元）。

一方面，非洲人口结构年轻和高速增长，可能为经济增长带来人口红利。自 20 世纪 60 年代大批非洲国家独立以来，在世界各地区中，非洲人口抚养比率长期高居首位，如 1965 年为 86.2%，1985 年为 92.3%，不但高于世界平均水平，与人口增长"大户"的南亚相比，也分别高出 1.1% 和 9.2%。在非洲，抚养比高主要是由于人口中 15 周岁以下人口所占比重较大，使非洲国家每年要从新增财政中拿出相当部分作为人口投资，对非洲国家的经济发展带来不利影响。但近年来非洲人口抚养比出现下降趋势，2020 年抚养比为 77.9%，预计 2050 年和 2100 年将进一步降至 60% 和 55.6%。如果非洲人口抚养比继续下降至 50% 以下，就有可能为经济发展带来人口红利。

在非洲人口结构年轻化的同时，非洲青年受教育水平正在稳步提高。据非洲开发银行发布的《非洲经济展望 2020》，从受教育年限看，以 2018 年为例，非洲人平均完成了 5 年以上的学业（其中女性平均 5 年，男性平均 6 年）。虽然该年限远低于世界平均水平，但在非洲历史上是前所未有的，表明非洲人受教育的程度正在提高。从各阶段教育的入学率看，2000—2016 年，非洲各阶段教育的入学率均有不同程度的提高，其中初等教育入学率从 2000 年的 66% 提升至 2016 年的 84%，中等教育入学率从2000年的32%提升至2016年的44%，高等教育的入学率从2000年的6%提升至2016年的16%。非洲人受教育程度的提升，有助于非洲将人口资源优势转化为经济发展所需要的高素质劳动力，助力非洲经济发展。

另一方面，非洲人口结构年轻化和人口激增，对非洲政治、经济、社会等多领域的安全带来巨大挑战。

一是政局动荡风险上升。非洲拥有最年轻的人口和最年长的领导人，非洲人口中位数不到20岁，70%的人口在30岁以下，而非洲国家领导人的平均年龄为62岁，最年长10位总统的平均年龄约为79岁，仅有14%的议员年龄低于40岁。近年来，非洲国家年轻人日益感到在政治生活中被边缘化和国家治理方面代表性不足，试图利用选举投票和街头抗议来寻求变革。2018年以来，埃塞俄比亚、苏丹、阿尔及利亚等国政局剧变皆被大规模街头政治运动推动，其中年轻人是主力。年轻人还利用数量优势给年轻候选人或竞选纲领符合他们期待的候选人投票。2018年以来，塞内加尔总统萨勒、埃塞总理阿比、突尼斯总统赛义德、赞比亚总统希奇莱马等赢得大选，与得到大量年轻选民选票分不开。此外，年轻人经常策动街头抗议。2021年新冠肺炎疫情持续蔓延下，塞内加尔、苏丹、斯威士兰、南非、突尼斯、加纳等国发生年轻人推动的抗议，在一些国家这样的抗议规模是多年来少见的。有研究表明，当40%的成年人口年龄在15—29岁之间时，发生政治动荡的风险就会上升。目前54个非洲国家中的41个属于这种情形。年轻人通过选票或抗议表达要求"变革"的呼声，并要求本国领导人做出回答。

二是青年失业问题严峻。据非洲开发银行2015年的统计，当年非洲4.2亿年轻人（15—35岁）中，有1/3失业，1/3在非正规部门工作，仅有1/6充分就业（有薪就业）。非洲青年失业问题有以下特点：首先，失业率被严重低估。按照国际劳工组织的数据，2021年非洲青年（15—24岁）失业率仅有10.6%，低于世界13.8%的平均水平，但由于非洲绝大多数青年（94.9%）在农村的非正规部门劳动，非洲青年失业率实际高达40%。根据世界银行2019年的数据显示，只有19.1%的撒哈拉以南非洲年轻人（15—24岁）在过去一年中拿到了工资，只有26.4%的人在金融机构拥有自己的账户。由于缺乏收入和社会保障，非洲青年贫困率居高不下，2021年高达36.9%，高于世界35.1%的平均水平。其次，受教育程度越高失业越严重。据国际劳工组织的统计数据（2013—2017年）显示，在非洲青年中大学生失业率普遍高于中学生和小学生。在整个非洲大陆，除纳米比亚、塞舌尔、南非和斯威士兰外，15—24岁受过高等教育的人的失业率高于受过初等教育的人。据易卜拉欣基金会2019年的数据显示，在马里，15—24岁受过高等教育的人中，1/2以上（55.6%）没有工作，而受过初等教育的人中，这一比例为3.3%。这表明非洲青年在大学学习的知识与劳动市场雇主的需求严重不匹配，亟需非洲国家政府在农业和制造业等优先发展部门开展职业技能培训，以帮助本国青年就业或创业。最后，城市失业率更高。非洲人口高速增长的结果导致城市化突飞猛进，大量农村多余人口涌入城市，而非洲国家独立后经济结构单一、对外部依赖性强，不可能提供大量就业机会，因而城市失业率普遍高于农村失业率。预计 2030 年之前，非洲每年有 3000 万年轻人进入劳动力市场，其中仅撒哈拉以南非洲每年需要新增 1800 万个就业岗位，但目前非洲国家每年只能创造 300 万个就业岗位。这意味着未来非洲青年失业问题可能更加严峻，这对经济社会安全提出巨大挑战。

三是社会不稳定性加大。多项研究成果表明，人口结构的年轻化与国内冲突的发生存在一定关系。据统计，1970—2000 年，86% 新发生冲突国家有 60% 及以上人口年龄不足 30 岁。美国人口资料局的研究也显示，有一半人口年龄低于 20 岁的国家发生冲突的几率为 75%，这适用于尼日尔、马里、刚果民主共和国、南苏丹和津巴布韦等撒哈拉以南非洲国家。近几年，非洲萨赫勒地区因人口激增、贫困加剧、治理薄弱及环境退化，已成为非洲"动荡之弧"。以尼日尔为例，该国是当今世界人口增长最快的国家之一，预计到 2050 年其人口将增加到目前的近 3 倍。因两性不平等、女性受教育机会有限和童婚比例高，尼日尔总和生育率为每名妇女平均生育 7.2 个子女。一方面，青年"人口膨胀"带来经济发展机遇，另一方面青年失业、贫困加剧，教育机会有限，导致尼日尔发生国内动乱的风险上升。同时，极端组织利用当地青年缺乏教育和工作机会招募人员入伙，加紧拓展势力范围。目前在尼日尔、马里、布基纳法索等萨赫勒中部地区国家活跃着"基地"组织、"伊斯兰国"等多个极端组织，暴力冲突和恐怖袭击持续高发，严重影响地区安全与稳定。

非洲青年"人口膨胀"会成为促进经济发展的"人口红利"，还是带来更多暴力冲突的"人口炸弹"，取决于非洲国家政府的认识和政策选择。非洲联盟（非盟）的《非洲青年宪章》称，青年是非洲最大的资源，非洲不断增长的青年人口为非洲发展提供了巨大的潜力。2017年，非盟峰会将其年度主题定为"通过对青年进行投资以利用人口红利"，鼓励成员国制定政策对青年投资，支持青年创业和就业，以更好地利用这一资源造福于非洲人民。除了非盟路线图，一些非洲国家也制定和实施了旨在利用"人口红利"的政策措施。主要包括：一是普及避孕药具以降低生育率。在过去20年里，埃塞俄比亚、肯尼亚、卢旺达等国以及南部非洲的一些国家实施了计划生育计划，近几年萨赫勒地区国家也提高了对计划生育的关注。以肯尼亚为例，该国实行国家家庭计划，以预防意外怀孕和降低生育率，使该国每名妇女生育的子女数已从20世纪80年代的7胎降至2013年的4.4胎。二是提供职业教育和技能培训。坦桑尼亚提出"技能发展倡议"，旨在提高青年技能；肯尼亚科技部为青年提供奖学金，进行职业技能培训。三是创造就业机会。肯尼亚通过向雇佣应届生的企业提供优惠税收待遇，促进受过教育的青年就业；坦桑尼亚在政府中新设立艺术发展部，旨在艺术和体育领域创造就业机会；尼日利亚2016年启动N-Power计划，通过向失业大学生和青年提供培训，以应对青年失业问题。四是为青年创业提供资金。尼日利亚中央银行推出"尼日利亚青年发展倡议"，为培养青年企业家提供支持，已启动"小微和中型企业发展基金"，为中小微企业发放资金。此外，尼日利亚"青年企业创新计划"（You Win），为渴望成为企业家的青年提供竞赛奖励，每年向胜出的企业家提供100万至1000万奈拉，鼓励其创造更多的就业机会。新冠肺炎疫情发生后，失业率大幅上升。塞内加尔政府将青年就业作为优先事项，2021年4月宣布总额4500亿非洲法郎的紧急方案（2021—2023年）：包括雇用6.5万名（工人、教师、保安）青年，增加对私营部门学徒和就业的补贴，开展劳动密集型公共工程，加强技术和职业培训，支持创新创业等，目标是创造45万个就业机会。

世界主要大国关注非洲人口高生育率和年轻化趋势带来的重大机遇和挑战，纷纷出台专门针对青年群体的政策工具，以帮助非洲国家应对人口挑战、维护国家安全，同时希望分享非洲的人口红利。美国投资非洲青年，将年轻妇女作为重点关注对象。美国决策界越来越认识到，增强非洲年轻妇女的能力并扩大其权利，使她们保持健康、推迟生育、留在学校、找到工作，有助于将高生育率降低到可持续的水平，促进必要的经济和社会改革，从而利用非洲人口红利。为实现这些目标，美国已推出多项计划和战略，主要包括美国对妇女健康和自愿计划生育生殖健康的投资、美国政府关于国际基础教育的战略、"Youth Power"等青年赋权方案、美国总统艾滋病紧急救援计划以及《2019年全球脆弱性法案》。此外，美国还将非洲青年精英作为重点影响和塑造的群体。2021年4月，美国国务卿布林肯大力宣传美国的"青年非洲领导人计划"，与非洲青年领袖进行"云对话"，允诺将加大对非洲青年一代的支持。

法国同样以非洲青年发展为切入点破解安全、移民难题。在欧洲难民危机持续发酵背景下，法国一方面收紧移民政策，另一方面促进非洲当地的发展，寻求从源头上解决问题。2017年法国总统马克龙宣布，在5年任期内使法国发展援助达到国民收入的0.55%，将教育、性别平等、卫生列入援助优先领域。2018年法国发展援助确定的19个受益国中，除海地外，均为非洲国家。为增加青年就业，马克龙推出"选择非洲"计划，由法国开发署和公共投资银行出资，2018—2022年提供25亿欧元，含10亿欧元专项基金和15亿欧元贷款，支持1万家非洲中小企业。他还呼吁法国高校在非洲开展高等教育，首批在塞内加尔、科特迪瓦试点。2021年10月，法国举办"新型法非峰会"，以谋求法国与非洲关系的新突破。新型法非峰会的"新"体现在：一是未邀请任何非洲政要，而是邀请非洲青年代表与会。来自非洲的年轻企业家、艺术家和运动员等通过峰会平台讨论他们关心的政治经济和文化议题。二是峰会设立了六大板块，分别是公民参与、经济创新、教育研发、文化合作、创意产业和体育交流，均为青年感兴趣的领域。马克龙认为，新型峰会将放大非洲年轻人的声音，逐渐远离旧模式，摆脱殖民历史的影响。

为践行人类命运共同体，中国大力支持非洲青年发展，根据非洲国家经济社会发展需要，帮助非洲培养急需人才，通过设立多个奖学金专项，支持非洲优秀青年来华学习。2012年起，中非双方实施"中非高校20+20合作计划"，搭建中非高校交流合作平台。中国在联合国教科文组织设立信托基金项目，累计已在非洲国家培训1万余名教师。2018年以来，中国在埃及、南非、吉布提、肯尼亚等非洲国家与当地院校共建"鲁班工坊"，同非洲分享中国优质职业教育，为非洲培养适应经济社会发展急需的高素质技术技能人才。中国支持30余所非洲大学设立中文系或中文专业，配合16个非洲国家将中文纳入国民教育体系，在非洲合作设立了61所孔子学院和48所孔子课堂。2004年以来，中国共向非洲48国派出中文教师和志愿者5500余人次。与此同时，中国积极同非洲加强科技创新战略沟通与对接，分享科技发展经验与成果，推动双方科技人才交流与培养、技术转移与创新创业。中国与非洲国家建设了一批高水平联合实验室、创建了中非联合研究中心、中非创新合作中心，并且通过实施"一带一路"国际科学组织联盟奖学金、中国政府奖学金、国际杰青计划、国际青年创新创业计划等项目帮助非洲培养大量科技人才。

2018年，习近平主席在中非合作论坛北京峰会上指出，青年是中非关系的希望所在。他提出的中非"八大行动"倡议中，许多措施都着眼青年、培养青年、扶助青年，致力于为他们提供更多就业机会、更好发展空间。"实施能力建设行动"上，中方决定同非洲加强发展经验交流，支持开展经济社会发展规划方面合作；在非洲设立10个"鲁班工坊"，向非洲青年提供职业技能培训；支持设立旨在推动青年创新创业合作的中非创新合作中心；实施"头雁计划"，为非洲培训1000名精英人才；为非洲提供5万个中国政府奖学金名额，为非洲提供5万个研修培训名额，邀请2000名非洲青年来华交流。

2021年，习近平主席在中非合作论坛第八届部长级会议上宣布《中非合作2035年愿景》。作为愿景首个三年规划，中国将同非洲国家共同实施"九项工程"，其中多项都有利于非洲青年。"投资驱动工程"上，中国将为非洲援助实施10个工业化和就业促进项目，向非洲金融机构提供100亿美元授信额度，重点扶持非洲中小企业发展。"能力建设工程"上，将为非洲援助新建或升级10所学校,邀请1万名非洲高端人才参加研修研讨活动;实施"未来非洲—中非职业教育合作计划",开展"非洲留学生就业直通车"活动;继续同非洲国家合作设立"鲁班工坊",鼓励在非中国企业为当地提供不少于80万个就业岗位。

从印度和非洲的案例来看,数量庞大而年轻的人口对国家安全的影响是把双刃剑。一方面,当教育、医疗、就业、社会公平得到充分保障时,人口红利能够迅速获得释放,成为经济可持续发展与社会进步的持续动力,为国家安全提供重要保障。另一方面,当教育、医疗与社会意识同国家发展需求不相适应时,快速增长的人口将成为拖累社会的沉重负担,对国家的政治安全、经济安全、社会安全带来挑战。因此,只有切实做好民生保障、促进社会公平,才能不断提升人口质量、释放人口红利,使人口成为维护国家安全的重要资源。

第十章

参 考 文 献

1. 胡焕庸、张善余:《世界人口地理》,华东师范大学出版社 1982 年版。
2. 舒运国:《非洲人口增长与经济发展研究》,华东师范大学出版社 1996 年版。
3. 杨怡爽:《印度究竟是否需要控制人口》,《世界知识》2021 年第 21 期。
4. 苑基荣:《印度高等教育水平呈下滑趋势》,《人民日报》2016 年 12 月 1 日。
5. 《新时代的中非合作》白皮书,国务院新闻办公室,2021 年 11 月 26 日。
6. Amartya Sen, More than 100 Million Women Are Missing, the New York Review of Books, Dec. 20, 1990.
7. Krishnamurthy Srinivasan, Population Concerns in India: Shifting Trends, Policies, and Program, Sage Publications, 2017.
8. Vidya Atal, Kaushik Basu, John Gray, and Travis Lee, Literacy Traps: Society-wide Education and Individual Skill Premia, International Journal of Economic Theory, 2009.
9. Kruk, Margaret E. et al., Mortality due to low-quality health systems in the universal health coverage era: A systematic analysis of amenable deaths in 137 countries, The Lancet, 2018, Volume 392, Issue 10160.
10. Shekhar Aiyar and Ashoka Mody, The Demographic Dividend: Evidence From the Indian States, IMF, Feb. 2011.
11. Lynsey Chutel, Africa's Disappointed Demographic , Foreign Policy, Sep. 1, 2021.
12. Lynsey Chutel, Africa's Disappointed Demographic, Foreign Policy, Sep. 1, 2021.
13. Janet Fleischman, Demographic Trends and Youth Empowerment in Africa: Opportunities for U.S. Engagement, CSIS, June 2019.

11

后语
人口安全事关
国家安全

后语

人口问题是国之大者。人口是国家生存和发展的必要条件，是国家经济发展和安全稳定的重要基础和保障。合理的人口数量、结构、素质、分布等，对维护国家长治久安、推动社会经济持续健康发展至关重要。因此人口安全也是国家安全不可或缺的组成部分。

总体国家安全观强调以人民为中心、以人民安全为宗旨，也是维护人口安全的重要原则。在国家安全重点领域，包括政治安全、国土安全、经济安全、社会安全、文化安全、资源安全、科技安全、生物安全、生态安全等领域的安全风险，都会不同程度地影响人口安全。而人口能否实现以及如何实现与经济、社会、资源和环境的协调发展，将直接影响到经济发展和国家安全全局。从这个意义上说，维护人口安全也是总体国家安全观的重要组成部分。

中华民族在创造灿烂悠久的中华文明的过程中，人口发展经历了重重磨难。"历史上我国多少次改朝换代，虽然也曾出现过一些所谓'盛世'，但广大劳动人民受剥削被压迫的地位始终没有改变。"鸦片战争以后，中国逐步沦为半殖民地半封建社会，列强入侵，战乱频仍，山河破碎，生灵涂炭。"吾中国四万万人，无贵无贱。当今日在覆屋之下，漏舟之中，如笼中之鸟，牢中之囚；听人驱使，听人宰割。"正是当时中国人民悲惨状况的真实写照。

1949年9月，针对时任美国国务卿艾奇逊把中国发生革命归因于人口太多的说法，毛泽东同志表明了他对人口问题的基本态度："世间一切事务中，人是第一个可宝贵的。在共产党领导下，只要有了人，什么人间奇迹也可以造出来。"毛泽东同志继而指出，"中国人民历次推翻封建统治不是因为人口过剩，而是封建朝廷压迫和剥削人民"。团结就是力量，正是中国共产党的领导，使得中国人民心往一处想，劲往一处使，从一盘散沙到众志成城。1934年1月，在江西瑞金召开第二次全国工农兵代表大会上，毛泽东同志指出，"真正的铜墙铁壁是什么？是群众，是千百万真心实意地拥护革命的群众。这是真正的铜墙铁壁，是什么力量也打不破的，完全打不破的"。在党的七大报告中也指出：人民，只有人民，才是创造世界历史的动力；要团结绝大多数人，这是战略问题。

马克思主义唯物史观充分肯定人民在历史发展中的决定性作用，致力于实现人类解放与人的自由全面发展。马克思说："人的本质不是单个人所固有的抽象物，在其现实性上，它是一切社会关系的总和。"人不是单纯的生物个体和纯粹的自然存在，不是抽象的蛰居于世界之外的存在物，而是现实的、活生生的、实践基础上的人，处于这样或者那样的社会关系中，是具体的社会的人。唯物史观认为，在人类社会发展过程中，人是最具有决定性和创造性的力量，是最活跃的要素。人民群众是历史的创造者，是物质财富和精神财富的创造者，是社会变革的决定性力量。恩格斯在谈及社会主义制度时说，"这种制度将给所有的人提供健康而有益的工作，给所有的人提供充裕的物质生活和闲暇时间，给所有的人提供真正的充分的自由"。习近平总书记也强调指出："在全面建设社会主义现代化国家新征程中，我们必须把促进全体人民共同富裕摆在更加重要的位置，脚踏实地、久久为功，向着这个目标更加积极有为地进行努力，促进人的全面发展和社会全面进步。"

中华人民共和国的诞生，使亿万中国人民成了国家、社会和自己命运的主人，而中国共产党的百年奋斗从根本上改变了中国人民的前途命运。百年重大成就更加凸显中国共产党坚持人民至上，坚持以人民安全为宗旨，赢得了人心和民心。中国坚持以人民为中心的发展思想，坚持以人民安全为宗旨的总体国家安全观，统筹发展和安全，从全面建成小康社会"一个都不能少"到抗击新冠肺炎疫情救治病患不惜一切代价，从打赢脱贫攻坚战、实施乡村振兴战略到推进以人为核心的新型城镇化，从积极应对人口老龄化到实施健康中国战略、人才强国战略，人民不断享有更多的发展成果，获得感、幸福感、安全感不断提升。

人口安全与人民福祉、国家存亡、民族兴衰始终紧密相连。"大国之大，也有大国之重。千头万绪的事，说到底是千家万户的事。"国泰民安是人民群众最基本、最普遍的愿望，也是人民群众最根本、最重要的福祉。中国已经进入新时代，人民生活水平显著提高，中等收入群体超过4亿人。"我国建成世界上规模最大的社会保障体系，十亿二千万人拥有基本养老保险，十三亿六千万人拥有基本医疗保险。"社会保障在保障和改善民生、维护社会公平、增进人民福祉中的作用得到有效发挥。污染防治力度加大，生态环境明显改善。

再次回顾2012年习近平总书记一段朴实的话，就能更加深刻地理解新时代发展的历史厚重感："我们的人民热爱生活，期盼有更好的教育、更稳定的工作、更满意的收入、更可靠的社会保障、更高水平的医疗卫生服务、更舒适的居住条件、更优美的环境，期盼孩子们能成长得更好、工作得更好、生活得更好。人民对美好生活的向往，就是我们的奋斗目标。"

"民之所忧，我必念之；民之所盼，我必行之。"习近平总书记指出："江山就是人民、人民就是江山，打江山、守江山，守的是人民的心。"人民安全是国家安全工作的逻辑起点与价值归宿。坚持以人民安全为宗旨，一切为了人民、一切依靠人民，充分发挥广大人民群众积极性、主动性、创造性，切实维护广大人民群众安全权益，始终把人民作为国家安全的基础性力量，才能真正汇聚起维护国家安全的强大力量。

以人民为中心，思考中国乃至全球安全问题，谋划实现和平与发展的重要举措，其视野不仅涉及中国人民，还包括世界人民。中国追求的安全与发展，不仅致力于满足中国人民美好生活的愿望，而且致力于同所有爱好和平的人们一起，共同谋求全人类的幸福。中国提出并努力推进的"人类命运共同体"倡议，不但体现出中华文明"天下一家"的情怀和"仁者以天地万物为一体"的生态观念，也发出了实现人口与资源环境平衡发展的中国倡议。以构建人类命运共同体为目标，中国把实现本国发展与推动世界发展联系起来，以推动共建"一带一路"高质量发展带动其他国家和地区发展，推动各方朝着互利互惠、共同安全的目标相向而行，携手建设持久和平、普遍安全、共同繁荣、开放包容、清洁美丽的世界。

习近平主席在第76届联合国大会一般性辩论提出"全球发展倡议"——坚持发展优先、坚持以人民为中心、坚持普惠包容、坚持创新驱动、坚持人与自然和谐共生、坚持行动导向。"全球发展倡议"秉持以人民为中心的核心理念，将增进人民福祉、实现人的全面发展作为出发点和落脚点，把各国人民对美好生活的向往作为努力目标，紧紧抓住发展这个解决一切问题的总钥匙，全力破解发展难题、创造更多发展机遇，努力实现"不让任何一国、任何一人掉队"的目标。中国不做一枝独秀，而致力于为全人类谋幸福，为全世界谋发展。所有这些，都是中国对世界的贡献，也是实现真正意义上人的全面发展、保障人的安全的最佳选择。

江山代有才人出，每一代人都有一代人的使命。当前，我们在中华大地上全面建成了小康社会，实现了第一个百年奋斗目标，踏上了全面建设社会主义现代化国家新征程，向第二个百年奋斗目标进军，实现民族复兴进入了不可逆转的历史进程。不忘初心，方得始终。展望2035年，"人民生活更加美好，人的全面发展、全体人民共同富裕取得更为明显的实质性进展"。"在我们这么一个有着14亿人口的国家，每个人出一份力就能汇聚成排山倒海的磅礴力量，每个人做成一件事、干好一件工作，党和国家事业就能向前推进一步。"我们每个人都有责任确保我们党守护的人民江山永不变色，以"行百里者半九十"的清醒意识和"人心齐泰山移"的团结精神，为推进中华民族伟大复兴和全面建成社会主义现代化强国不懈奋斗。

参 考 文 献

1. 习近平:《以史为鉴、开创未来、埋头苦干、勇毅前行》,十九届六中全会二次会议讲话。
2. 中共中央编译局:《马克思恩格斯选集（第1卷）》,人民出版社2013年版。
3. 中共中央编译局:《马克思恩格斯全集（第21卷）》,人民出版社2021年版。
4. 习近平:《人民对美好生活的向往就是我们的奋斗目标》,人民网,http://cpc.people.com.cn/18/n/2012/1116/c350821-19596022.html。
5. 《十九届五中全会公报》,《光明日报》2020年10月20日。
6. 《江山就是人民 人民就是江山——习近平总书记关于以人民为中心重要论述综述》,《人民日报》2021年6月28日。

图书在版编目（CIP）数据

人口与国家安全/总体国家安全观研究中心，中国现代国际关系研究院著．—北京：时事出版社，2022.4
（总体国家安全观系列丛书．二）
ISBN 978-7-5195-0476-2

Ⅰ．①人… Ⅱ．①总… ②中… Ⅲ．①人口—关系—国家安全—研究—中国 Ⅳ．① C924.2 ② D631

中国版本图书馆 CIP 数据核字（2022）第 057727 号

出版发行：时事出版社
地　　址：北京市海淀区彰化路 138 号西荣阁 B 座 G2 层
邮　　编：100097
发行热线：（010）88869831　88869832
传　　真：（010）88869875
电子邮箱：shishichubanshe@sina.com
网　　址：www.shishishe.com
印　　刷：北京良义印刷科技有限公司

开本：787×1092　1/16　印张：20　字数：188 千字
2022 年 4 月第 1 版　2022 年 4 月第 1 次印刷
定价：60.00 元

（如有印装质量问题，请与本社发行部联系调换）